［写真１］SGI-USA 本部中心建物、SGI-USA Plaza。サンタモニカ市ウィルシャー通り

［写真２］サンタモニカ市 SGI-USA 本部の講堂、World Peace Ikeda Auditorium

［写真３］1963年開設のロサンゼルス会館

［写真４］1960年10月5日、池田初訪米、サンフランシスコのコロンブス像前で。
10月5日はアメリカ創価学会の日となる

［写真５］座談会 Discussion Meeting の様子。多様なエスニシティの人々が一堂に会していることが特徴的

［写真６］日蓮御書・法華経・池田大作著作などの翻訳

World Tribune

No. 1 Saturday, August 15, 1964 2100 East First Street, Los Angeles 33, California Telephone: 261-8118

President Ikeda's Message

I SEND MY SINCEREST BLESSINGS ON THE PUBLICATION OF THE WORLD TRIBUNE. I PRAY FOR YOUR VIGOROUS ADVANCE AS THE PUBLICATION WHICH WILL PROCLAIM THE TRUTH FOR WORLD PEACE. I ALSO EXPECT THAT YOU WILL GROW TO BE THE FOREMOST AND GREATEST NEWSPAPER IN THE WORLD, AND I ALSO GIVE REPEATED PRAYERS FOR THE DILIGENT EFFORTS OF YOUR ENTIRE PRESS COMPANY.

DAISAKU IKEDA

Sokagakkai Has Dynamic Growth Membership Exceeds 13 Million

President's Guidance

Respect For Job Should Be Same As That Shown Toward Gohonzon

MEMBERS ENCOURAGED TO SUBMIT ARTICLES

Final Schedule Announced For Visit By North America Instruction Group

Paper's Name Has Profound Meaning

［写真７］1964年「ワールド・トリビューン」創刊号

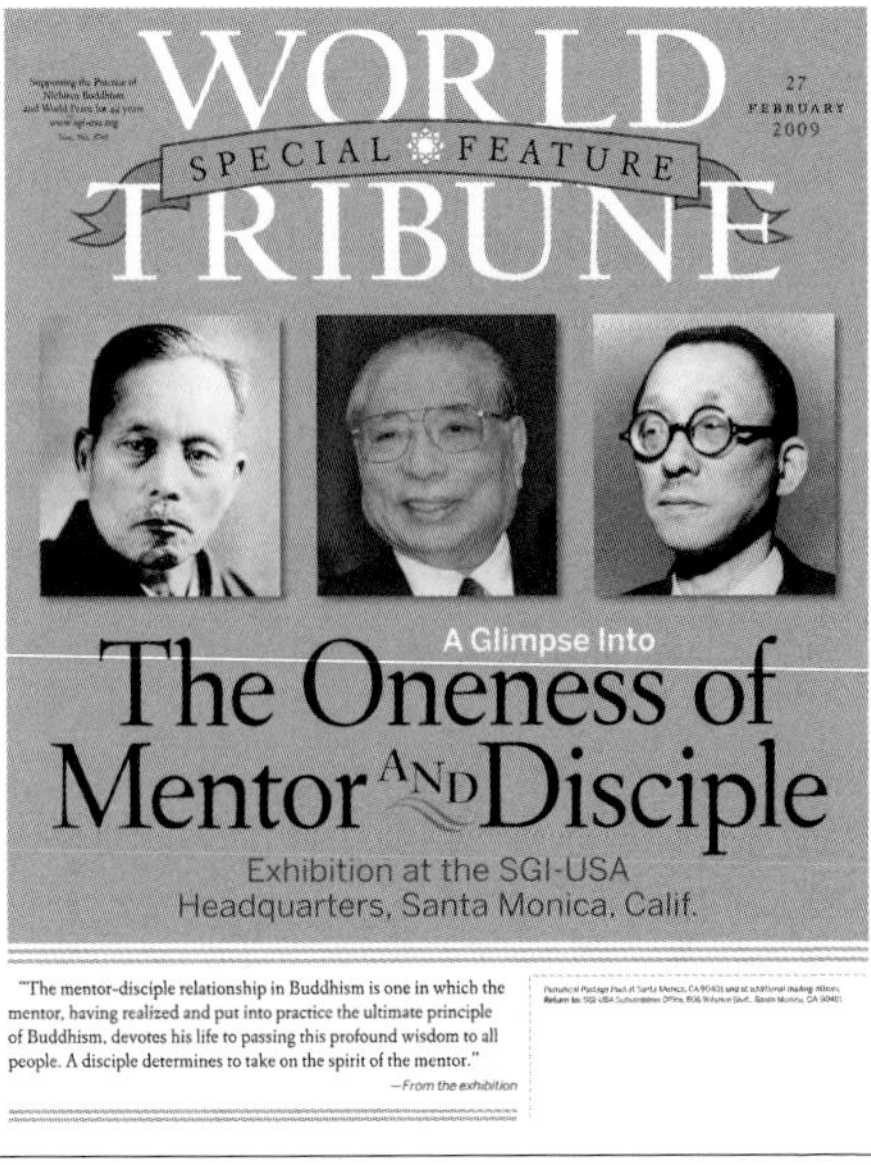

［写真８］2009 年「ワールド・トリビューン〈師弟不二〉」特集号表紙

聖教新聞社より提供：［写真１］［写真２］［写真４］［写真５］［写真６］
SGI-USA より提供（[Photo credit: SGI-USA]）：［写真３］［写真７］［写真８］

アメリカ創価学会における異体同心

二段階の現地化

川端亮・稲場圭信 著

新曜社

はじめに

創価学会は、わが国でもっとも有名で、最大の新宗教教団である。その会員数は８２７万世帯と公表されている（創価学会広報室 2017: 21）。

創価学会は、日本国内で抜きん出て規模が大きいのみならず、創価学会インタナショナル（Soka Gakkai International：ＳＧＩ）として海外でも活動を行っていることは、一般にはそれほど知られていないだろう。その規模は、現在、世界１９２ヵ国・地域にわたり、およそ２２０万人の会員を擁するまでになっている（創価学会広報室 2017: 26）。国連加盟国数が１９３ヵ国であることからも、ＳＧＩの広がりが、ほとんど全世界に及ぶと言ってよいことがわかるだろう。

日本の他の宗教教団も、新宗教に限らず、神道も仏教も、日本人が海外に移民を始めた明治時代以降、海外布教を行ってきた。しかし、一部を除いては、海外で移民した日本人以外に信徒を獲得することが少なかった。つまり、現地の人々にはほとんど広まらなかった。

アメリカ合衆国においても、１８８５年にハワイへの官約移民（ハワイ政府と日本政府の間の条約に基づく移民）が始まり、その後、日本人の移住先が西海岸へ展開する中で、神道、浄土真宗、浄土宗などがアメリカ合衆国で布教を始めた。しかしながら、現地のアメリカ人にこれらの神道や仏教、新宗教が浸透する事例はあまり多くはなく、それは20世紀に入っても続き、第二次世界大戦後もアメリカ人が日本の宗教を信仰するケースは多くなかった。

その中で、創価学会は、１９６０年に第三代会長に就任した池田大作がアメリカを訪問し、現地に地区や支部の組織を作ることで、本格的な海外布教を始めたのである。その歴史については、本書の姉妹編である秋庭裕『アメリカ創価学会〈ＳＧＩ-ＵＳＡ〉の55年』(2017)に詳しい。本書でも同じ55年間を対象とするが、意味と組織の変容にとくに焦点をあてて、分析、考察する。

序章でＳＧＩ-ＵＳＡの歴史をコンパクトに紹介した上で、第1章では、日本と異なるアメリカ合衆国の社会的な背景を体現するＳＧＩ-ＵＳＡのメンバーを取り上げて、それらの人々が、なぜ・どのように・何を願って、この信仰を続けているのかを明らかにしようと試みている。日本の創価学会員のみならず、平均的な日本人が知るところの多くない、アフリカ系アメリカ人やゲイのメンバーのインタビューを紹介し、多民族社会において「異体同心《いたいどうしん》」に新たに付加される意味と創発する特性を考える。

第2章は、第1章に加え、私たちがインタビューを行ったＳＧＩ-ＵＳＡメンバー20人の聞き取り調査をまとめ、ＳＧＩ-ＵＳＡへの入信過程を、宗教社会学における回心論から考察している。ロフランドとスタークの入信過程論を参照しながら、ＳＧＩ-ＵＳＡメンバーの宗教的ライフヒストリーを整理し、イギリスの事例とも比較して、なぜ異文化由来の信仰を継続できるのか、その要因を検討している。環境的要因、個人の能動的要因、組織のメンバーとの相互作用の要因に加えて、御利益信仰から出発し利他性の涵養へ至る過程を、「意味の転換」という観点に重きをおいて考察する。

第３章は、複雑で入り組んだ変遷を遂げたＳＧＩ‐ＵＳＡの組織の推移を追った。それがなぜ生じ、その変化が何を生み出したかを組織論的に考察している。日本・創価学会では、いわゆるタテ線からヨコ線への変化は、一般には選挙と政治との関連から生じたと考えられているが、政治とは関係のないＳＧＩ‐ＵＳＡにおいてもその変化が生じた。その理由を考察しながら、フェイズ２《ツー》と呼ばれる停滞が生じた組織機構上の原因と、21世紀の多民族社会におけるＳＧＩ‐ＵＳＡの発展を組織論的に鳥瞰している。

第４章は、布教における媒体、つまり聖典やその翻訳を重要な問題として取り上げる。従来から、海外での宗教の布教の成功要因の一つに翻訳の問題が取り上げられてきたが、ＳＧＩ‐ＵＳＡにおいても１９６０年代から急速に、精力的に経典類や機関紙誌の英語化が進められる。

それが１９６０年代から７０年代半ばまでの爆発的な会員増に結びついたことも確かであるが、しかしながら一方で、フェイズ２による停滞も生じたのであった。そのフェイズ２の停滞から抜け出すために、さらなる洗練された英語へ翻訳しなおすこと、すなわち、「日本語が透けて見える英語」から「自然な英語」へ、ヴァージョンを上げていくことが必要であった。つまり、「二段階の翻訳」によって、教えの意味が伝わり、アメリカ創価学会の「二段階の現地化」が実現したと考えられる。

第５章は、日本・創価学会において重要な教学的な焦点である「師弟不二《していふに》」が、アメリカ合衆国のコンテクストでどのように受容され、新たな意味を付与されているかについて、機関紙誌を調査し、会員のインタビューに基づいて考察を行っている。

アメリカ人になじみの薄いと考えられがちな「師弟」という関係、考え方が、アメリカ社会でどのように根付き、呼応するのか、その素地を分析・考察しながら、日本とは背景の異なるアメリカ社会における独自の背景を持つ「師弟不二」を描いている。

いずれの章もインタビューと資料をもとに宗教社会学としての思考を巡らせて構成したものである。宗教社会学のおもしろさを読み取っていただければ幸いである。

なお、参照する文献、資料として、以下のものは略して表記する。

御書：堀日亨編 1952『日蓮大聖人御書全集』創価学会（第241刷、2005年）
WT：ワールド・トリビューン（*World Tribune*）
ST：聖教タイムス（*Seikyo Times*）

また、本書に登場する創価学会とSGI-USA会員のうち、これまで創価学会やSGIの出版物において、多くの場合、実名で紹介されている方々については実名とした。他の方々は、仮名としている。

目次

装幀＝新曜社デザイン室

序章　SGI-USAの歴史[1]

1　戦争花嫁と日系二世

1960（昭和35）年5月、32歳で創価学会の第三代会長に就任したばかりの池田大作は、10月1日の深夜、ホノルル空港に到着した（池田 2003: 22-3）。ハワイをはじめとし、北南米にわたる3ヵ国9都市を、24日間で訪問したこのときから、創価学会の本格的な海外布教が始まり、組織化が図られたのである（口絵写真4参照）。

このとき、ハワイ・サンフランシスコ・シカゴ・ニューヨーク・ワシントンなどに「地区」が結成され、ロサンゼルスとブラジルに「支部」が置かれた。また、これらを統括するアメリカ総支部も設定された。当時アメリカにいた会員数はおよそ300人で、その多くがアメリカ軍人が日本駐留中に出会い、結婚して戦争花嫁として渡米した女性であった（井上 1985: 152-4）。このように、国際結婚によって、宗教が国境と民族を越える第一歩を踏み出したのである。

その後、次第に会員が増加する。それまで会合は個人宅で行われていたが、1963年1月にロサンゼルス会館が設置される（口絵写真3参照）。場所は当時アメリカ最大の日系人コミュニティとして有名なリトルトーキョーに近いイースト・ロサンゼルスであった。会館は椅子なしで約100人を収容できる仏間を備えるほどの規模であり、会館に隣接する建物には聖教新聞ロサンゼルス支局が置かれた（三代会長年譜編纂委員会編 2005: 131）。池田の初訪米以来、2年3ヵ月ほどしか経たないこの頃より出版物が印刷されていたことも特筆に値する。

1965年、ロサンゼルス近郊のエチワンダで、アメリカ初の日蓮正宗寺院として恵日山妙法寺の起工式が行われ、この頃までにアメリカの会員数は、およそ2万世帯にまで伸びた。1967年5月13日ホノルルにおいて寂光山本誓寺の入仏式が営まれ、16日にはエチワンダの恵日山妙法寺が落慶する。二寺の落慶によって日本と同様の、出家の聖職者からなる宗門と在家信徒集団である創価学会という二重構造の体制となった。アメリカにおいても、この二重構造は1991年11月に宗門と袂を分かつまで継続した。

会員の拡大に日系人の果たした役割も大きい。戦争花嫁として渡米した女性たちは、当初英語が十分に話せなかったことから、彼女らは日本人、あるいは容姿が日本人のような人たちを見かけると積極的に声をかけて折伏した。その中に日系二世の人たちも含まれていた。日系二世の人たちは日本語が十分にはできない場合もあったが、日本人女性と、戦争花嫁の夫である英語ネイティブの人々からなる集団でのコミュニケーションにおいて、その橋渡しとなる大きな役割を果たした。

2 ヒッピーからハッピーに

1960年代半ばから日本人以外の白人などの入会が増えて、会員の急増期に入っていく。現地のアメリカ人の入会につれて、日本人の割合は、1960年には96%であったが、1965年には77%、1970年には30%に減少した（Williams 1972: Appendix 3）。

この頃の会員の属性については、1968年には、会員の41%が軍人か、その配偶者であった。その後、軍関係者の割合は急激に低下し、「中核メンバーは、非東洋人で、独身で、30歳未満で、性別に偏りがなく、学生か、下層のホワイトカラー労働者かまたは、非正規の雇用者で中の下の階層」となった（Snow 1993: 201-3）。このように、1960年代後半にSGI-USA[2]は、会員に占める日本人とアメリカ人の割合が逆転し、組織のエスニシティによる構成が大きく変わったのである。

この発展期の多くの白人等の入会は、初代理事長ウィリアムスによる強力なリーダーシップの下で進められたストリート折伏、さらにはアメリカ社会のカウンター・カルチャーの流行も、それを後押しした一因と考えられる。

ストリート折伏は、毎日、毎晩、街頭に出て行う折伏で、大量に入会者を得た。当時の入会者数は支部単位で見れば、日本の支部よりもアメリカの支部の方が多くの入会者を記録している。たとえば、1966年2月の折伏数は、日本の創価学会の全支部を含めても、トップはサンディエゴ支部（263世帯）であり、第二位はサンフランシスコ支部（257世帯）であった。1967年6月以降は全米で毎月2000世帯を上回る入会があり、とくに9月には3268世帯に上ったという（ウィリアムス 1989: 233/237）。

折伏によって大量の入会がある一方で、かなりの数が脱会したため、当時の会員数を正確に把握することは非常に難しい。1965年から69年にかけて会員数は3万人から17万人に増加したと書かれたものもある（Parks 1980: 340）。このような急激な増加は70年代半ばまで続いたのは確かであろう。

この時期のアメリカ社会は、公民権運動の波が全米を揺り動かしており、さらにベトナム反戦運動もかつてない規模で盛り上がっていく時期である。そして既存の社会体制の矛盾と価値観の亀裂を指弾するヒッピーが登場し、さまざまなカウンター・カルチャーが興隆する。

サーフィンとマリファナを旗印にした西海岸のヒッピーが、ストリート折伏によって入信し、1968年にイースト・ロサンゼルスからサンタモニカのビーチフロントへ移転したSGI-USAの本部に押し寄せてくるのである。新たな本部会館は三階建ての建物でカーペット敷きであり、三階に椅子席で300人収容の仏間、また二階にも50人収容の仏間を備えていた（最大収容人数は500人）。イースト・ロサンゼルスの会館に比べ収容人数が大幅に増加しただけでなく、ロサンゼルスの東端から西の端にあるサンタモニカのビーチフロントへと一挙に移転したことが注目される。

つまり、日本人や日系人の多いイースト・ロサンゼルスを離れ、ヒッピー世代の若者の多く集うビーチフロントへと移転したのである。この移動は、SGI-USAがもはや日本人と日系人に依拠した日系宗教から脱却しつつあることを意味していた。

3　コンベンション

1960年代半ばからの会員急増期は、ストリート折伏とともにコンベンションが特徴的な活動としてあげられる。日本の創価学会は1954（昭和29）年に開催された青年部の体育大会から始まり、1963（昭和38）年の第一回関西文化祭に連なる文化祭でも有名であるが、SGI-USAではそれがコンベンションとして開催された。

アメリカにおける文化祭は、1963年にシカゴで開催された最初の全米総会から次第に規模が大きくなり、68年8月にハワイで開催された第五回全米総会で最初のコンベンションが実施された。コンベンションは、それまでの全米総会と異なり、開催都市の一般市民に向けて公開される行事を盛大に行い、それに付加する形でSGI-USAの年次総会を実施するものである。とくに1975年のハワイ・コンベンションや76年のアメリカ建国二百年を祝って、ボストン、フィラデルフィア、ニューヨークの3都市で開催されたコンベンションは、大規模なものであった。

1975年1月に「創価学会インタナショナル（SGI）」が発足し、池田はSGI会長に推挙され就任しているが、その年の7月に開催されたブルー・ハワイ・コンベンションでは、ハワイの観光客なら誰もが訪れるワイキキ・ビーチに巨大な人工の浮島まで作るという大掛かりなものだった。

浮島は、幅は30メートルだが、奥行きは210メートルにも及び、高さは21メートルで、マウイ島にあるハレアカラ火山を摸して、その噴火口から噴煙を上げたりする仕掛けになっていた。そして、その浮島の上に舞台を設けてビーチ全体を観客席として、ショー仕立てのさまざまなイベントを3日間にわたり繰り広げたのである。最終日には一万発の花火が打ち上げられ、ワイキキ・ビーチに詰めかけた5万人もの観衆は、大興奮と大歓喜のうちにフィナーレを迎えた。

4　フェイズ2《ツー》

翌年、1976年のアメリカ建国二百年を祝って、ボストン、フィラデルフィア、ニューヨークの三都市で開催されたコンベンションは、五千人ものメンバーが六番街をパレードしたが、しかしながら、ニューヨークの会員や役職者のかなりの数が参加しなかったという。

ボイコットしたメンバーの数は、ある人は三百人と言い、ある人は一千人と言ったそうだ（Parks 1985: 152）。この時期、初代理事長のコンベンションとストリート折伏重視への反発が、ニューヨークを皮切りに一気に表面化したのである。ニューヨークでは73年から75年にかけてストリート折伏が最盛期を迎えたが、すでにこの時期から、コンベンションを一年の活動の頂点に据え、そのために膨大な活動のエネルギーを傾注し、同時にまた教勢拡大のために激しい弘教《ぐきょう》へとメンバーを駆り立てる大量折伏路線に対し、大きな不満が高まっていた。

教団活動への滅私的な没入は、メンバーの家庭生活を脅かしたり、あるいは地域や職場において責任ある振る舞いをすることを困難にするようになっていた。それだけでなく、日蓮仏法の教学的研鑚や池田の指導の咀嚼、そして、それに基づき自己の成長を図ること、つまり、信心そのものが妨げられかねなかったのである。

また、フェイズ2が始まった1976年頃まで、組織の役職者は、組織の過半数を占めるアメリカ人が就くことは少なく、すでに少数派になっていた日本人が多くを占めていた。アメリカ人も役職者として登用し組織を運営するべきだとの問題提起によって、組織が混乱を来し、青年たちの活動がまったく停止してしまったのである。この頃から始まる停滞期がフェイズ2と呼ばれる。

組織的な活動においては全米総会など大きな会合も大幅に縮小し、大規模なコンベンションも行うことができなくなり、組織的な折伏も行われなくなった。メンバーの活動は、座談会や少人数での勤行会、および教学の研鑽に限定されたという。そして、あらゆる会合の回数が激減した。

フェイズ2では、会員数もまた急激に減少する。SGIの報告では、25万人の会員がフェイズ2末期には約3万人に減少したという（ウィリアムス 1989: 279）。研究者のパークスは、1970年代半ばには6万人の活動的なメンバーがいたが、79年には3万人に減少したと報告している（Parks 1980: 341-2）。組織的なストリート折伏の一時的な中止[3]とそれ以前に入会した会員の定着率が低かったことが、会員数の減少を招いた直接的な原因といえるだろう。さらに青年層の脱会が組織の活動に与えた影響は大きかったといえる。

フェイズ2によって、組織は運営面や活動面を民主的運営に変え、メンバーの自発的信仰による人間革命を目指す路線へと変更された（ウィリアムス 1989: 273-311、Parks 1985: 149-213、Hurst 1992: 228-33）。1977年と78年はかつてのようなコンベンションは行われず、また全米総会も規模を大幅に縮小した。しかしながら、路線変更の停滞期はすぐには終わらなかった。

5　文化の違い

ＳＧＩ－ＵＳＡは１９７９年までの間に組織を改編したり、性別・年齢階層別の組織[4]を確立しようとしたり、役職者を減らしたり、現地人を役職者に登用したり、さまざまな対策を打ち出す。しかし、なかなか効果が上がらなかった。その最中、１９７９年４月に「第一次宗門問題[5]」によって、池田は創価学会第三代会長を勇退する。

当時の聖教新聞では、池田の記事がほとんど掲載されない状況にあった。その状況を変えたのが、１９８０年秋に開催されたシカゴ文化祭である。「カプチャー・ザ・スピリット」と銘打たれたこの文化祭は、池田が会長勇退後再び直接会員の前に姿を現す最初となった。

そして、このシカゴ文化祭の後、１９８１年からコンベンションは復活していく[6]。１９８２年にはワシントンＤＣで総勢一万人のパレード、ワシントンＤＣラリーが実施され、この後も８０年代後半まで大コンベンション時代が再来する。

もちろん、コンベンションでは組織を上げて全員が力を合わせて取り組むために、アメリカ社会において、民族や階層の分断を乗り越え、メンバーが一つになるというアメリカ社会には元来存在しない大きな長所もある。そうだからこそ、コンベンション時代が再来したと考えられる。

しかしながらこの時代は、アメリカ社会の中で、アメリカ文化のまっただ中において、日本の組織である創価学会は完全なアメリカの組織になりきっていなかったといえるだろう。またどのような組織に生まれ変わればよいのかも、明確には理解されていなかったのだろう。おそらく、フェイズ2の暗雲を払い、SGI-USAが前進するために、当時はまだアメリカにおいては、やはりコンベンションと大量折伏路線以外には選択肢がないという状況にあったと思われる。

6 十七日間のロサンゼルス滞在

1990年2月、池田はロサンゼルスに十七日間滞在し、連日会合を開いて、再度、路線変更を指導した。90年代以降の変更点を中野・粟津（1996: 198）では、以下の四点にまとめている。ストリート折伏は中止され、友人知人に対する対話形式の布教方法に変更したこと、文化人の会員を主体とする文化本部が結成されたように、教団組織の構造を重層的に構成し直し、各部独自の活動が展開され、幅広い層から会員を集めるようになったこと、上意下達的な意思伝達方法から一般会員の意見を地域組織の運動に反映する方法の確立を目指すようになったこと、そして最後に、日本の文化的要素を極力排除し、アメリカの青少年が違和感なく参加できる「アメリカ仏教」の樹立を模索するという転換である。

この転換を実施するために、池田の十七日間のロサンゼルスの滞在直後に中央（最高）会議が設けられ、組織の人事や活動などの重要な項目を決定するようになった。それらが実行され始める1991年に創価学会は日蓮正宗から破門される。このような激動の時代に、長らく理事長の座にあったウィリアムスから新しい理事長に替わるのである。

１９９２年８月にウィリアムスが理事長を勇退することが発表され、二代目理事長としてフレッド・ザイツが就任した。ザイツ理事長は副理事長クラスの人々と議論を重ねて組織を運営していった。とくに女性、エスニック・マイノリティ、セクシャル・マイノリティなどへの配慮を深めるために、９５年にダイバーシティ委員会（Diversity Committee）を設けた。また、９４年からジオリオが導入され、９７年には全米をカバーするようになった。ジオリオについては第３章で詳述するが、タテ線組織からヨコ線組織、いわゆる地区ブロック制への変更である。このジオリオの制度によって、マイノリティを組織の役職に登用していくことにつながった。

１９９９年にザイツは名誉理事長に退き、第三代理事長にダニエル・ナガシマが就任する。ＳＧＩ－ＵＳＡ綱領[7]（Charter）は、最初１９９０年２月に池田がロサンゼルスに長期滞在したのちに定められたが、ナガシマ理事長の就任後、非営利組織の宗教団体の運営規則として、外部から就任する理事や監事などのポストが設けられるなど、一層の充実が図られた。

また、２００１年５月アメリカ創価大学（ＳＵＡ）がカリフォルニア州オレンジ郡で開学したことも、ＳＧＩ－ＵＳＡの成熟を示しているだろう。創価学会は、もともとは創価教育学会として出発したが、一貫して教育に強い関心を有している。日本における創価大学の開学は、日本・創価学会が充実期を迎える１９７０年代初頭のことであったが、ＳＵＡの場合もそれに比せられるだろう。

日蓮御書の英訳は、第１巻が１９９９年に刊行され、第２巻は２００６年に続いた。２００２年には *The Soka Gakkai Dictionary of Buddhism* の改訂版が出版された。２００４年には『御義口伝』の英訳 *The Record of the Orally Transmitted Teachings* も完成するなど、経典類の英語版も出揃う。

ナガシマ理事長の時代、おそらく2004年頃より、初代のウィリアムス理事長の影響から脱し、フェイズ2で指摘された問題点も克服のめどが立ち、新しいSGI-USAに生まれ変わりつつあったと考えられる。それは、組織面でも、機構編成の改組を行ったことに表れている。この当時アメリカはSGI-USA＝ゾーン＝リージョン＝支部＝地区という五層レベルの組織であり、その八つあったゾーンが五つにまとめられた。さらにまた、会員数を正確に把握するための「統監システム(statistics record)」が運用されるようになるなど、組織運営が合理化、効率化された。

2004年頃になると、創価学会の本部幹部会の中継をアメリカでも見ることができるようになる。池田の姿を過去のビデオも含め、間近にしばしば見ることによって、アメリカのメンバーも彼を一人の人間として見、彼の決意を直接感じることができるようになった。そして、この頃から「師弟不二《していふに》」が強調され、アメリカにおいても浸透が図られていく。その詳細は、第5章において考察している。

7　21世紀の発展へ

2015年9月、第四代理事長にアディン・ストラウスが就任した。初のアメリカ人理事長である。ナガシマは常々、私が最後の日本人SGI-USA理事長であると語っていたが、まさにその予言が成就することになった。そしてその意味は、その成就こそ、SGI-USAが十分に、アメリカ合衆国におけるアメリカ人の宗教団体になったことを表していると理解するべきであろう。

会員数の趨勢を見ても、1990年代初めから現在に至る転換期によって、全般的に増加に向かう。

ハモンドとマハチェクによると、1997年頃の会員数は3万5000人を超え、日本語を話す会員は23%と推測されている(ハモンド・マハチェク 2000: 63-6、299-300)。その後の十年間は、私たちの調査では、会員数はさらに増加し、11万人を超えるようになった[8]。

宗教的背景、人種については、ハモンド・マハチェクの1997年の質問紙調査から見てみると、プロテスタント39%、カトリック27%、ユダヤ教5%などで、創価学会の会員として育った人はわずか10%にしかすぎなかった。人種の構成では、白人系が42%、アフリカ系が15%、アジア系と太平洋の島民が23%、ラティーノとヒスパニックが6%、その他が15%となっている(ハモンド・マハチェク 2000: 65-8)。

アメリカ社会全体で、白人の占める割合は7割を超えているので、創価学会の会員における白人が占める割合は、アメリカ社会全体と比較すれば少ないが、1960年にほぼ100%日本人で出発した日本の宗教としては、白人が会員の4割程度を占めることは、アメリカ社会へのある程度以上の浸透を物語っているといえるだろう。

また、アフリカ系の人々の15%という数字も、別の意味でのアメリカ社会への浸透を示している。つまり、現在のSGI-USAは、宗教的背景においても、エスニシティにおいても、それが母集団とするアメリカ合衆国本体の多様性を反映する構成になっているといえるだろう。

第1章　アメリカ合衆国における日蓮仏法

「題目を唱え自分の問題と戦うって感じ。お金だって、仕事だって、恋人だって、何だって願えばかなうのよ」という30代後半の女性ＳＧＩメンバーの言葉。ＳＧＩのメンバーはエネルギーに満ちあふれ、活気があり、フレンドリーであった。外国人にとって日本仏教の典型的なイメージである瞑想をし、静かに自分の心を見つめる、そのような仏教のあり方とは異なるＳＧＩの世界が、なぜ海外のメンバーにも受け入れられているのであろうか。[1]

アメリカＳＧＩメンバーは、エネルギーに満ちあふれ、現世における功徳や成功を信仰と結びつけて力強く語る。そして、それにもまして興味が惹かれるのは、異国の仏教を基盤としたＳＧＩの信仰を白人、アフリカ系、ヒスパニック系などの人々が、エスニシティを超えて熱心に信仰することである。彼ら彼女らが信仰する日蓮仏法は、これまで日本の創価学会の会員に信仰されてきたところと同じであろうか。それとも異なっているのであろうか。本章では、この問題をインタビューに基づいて検討し、多様な人々からなるアメリカ合衆国社会で創発する、日蓮仏法の新たな意味を明らかにしていきたい。

1　多民族社会における異体同心

ボーイフレンドを求めて

ローラさん[2]（仮名）は、１９６８年4月4日、キング牧師が暗殺された年にはシカゴで高校生であったアフリカ系の女性である。12歳のときにはケネディの暗殺があり、この二つの暗殺事件で人生は真っ暗になったという。それにはローラさんのエスニシティに加えて、育った家庭環境も大きく影響しているだろう。彼女の祖父の若い頃（１９００年代始め）には、黒人と白人は同じ学校には通ってはいけないという法律ができた時代で、祖父はその頃からアフリカ系アメリカ人の学校を経営し、その後長く彼らの教育に尽力した。その息子で彼女の叔父さんにあたる人物もアフリカ系アメリカ人の人権向上のために、また社会福祉でも活躍した有名な人である。そのような祖父と叔父[3]の影響で、教育を重要と考える教育熱心な家庭で彼女は育った。その後彼女は人類学を学び、ボストンでハーバード大学からマサチューセッツ工科大学の修士課程に進んでいる。

宗教のバックグラウンドは、

　私はユニテリアン教会で育ちました。キリスト教の中でも、どちらかというと進歩的なキリスト教思想ですね。リベラルな発想でした。

彼女は子供の頃、シカゴのユニテリアン教会に通っていたが、そこは1950年代の終わりのシカゴで、白人とアフリカ系アメリカ人が一緒に礼拝できるようになった初めての教会であった。その教会はシカゴ大学の近くのハイドパークにあり、周りはアフリカ系の人々の居住区でありながら、シカゴ大学には多くの非アフリカ系の学生がおり、そのためこの教会は、アフリカ系の人も非アフリカ系の人も通えるようになったという。その教会はオープンであった。この教会では、入り口の、普通は十字架が置かれているスペースに十字架はなく、何も置いていない空間になっていて、自分の思うものをそこに当てはめて考えられる、そういう教会だった。集まってくる人は中流階級の人々だったが、彼女の家族もそういう自由なところが気に入って、その教会に通うようになった。また、アフリカ系でも非アフリカ系でも、たとえ日本人でも人種差別がないところに惹かれたという。そこで育ったローラさんは、

その恩恵の一つとして、非常にオープンな心構えで育ちました。と同時に、先入観にとらわれず、あらゆることに疑問を持ち、分析的で、安易に人に説得されるようなこともありませんでした。

彼女が初めて参加したSGIの会合は、カレッジに入学するために移り住んだボストンで行われたものであったが、そのときに題目の響きに惹かれたという。

題目というのは多数の音節が、多様なシラブルがあるわけなんですけれども、これを唱えると異

なる音節が一つの音を生み、それが連続して非常に響きあうのが不思議で、興味を抱きました。

題目の音について分析的に語るローラさんは、しかしながらその後すぐに入会したのではなかった。入会したのは、大学院を修了後、ニューヨークに住んでからである。自分を子供の頃から知っている婦人から仏法の話を再び聞き、76年、ニューヨークで入会することになる。ニューヨークでは、支部にはいろんな人がおり、多様な人々が集う座談会に驚いたという（口絵写真5参照）。

音楽家、ウェイター、ウェイトレス、仕事のない人、芸術家などで、人種もいろいろ、ミックスでした。ありとあらゆる人がいました。経済的にもいろんな人がいました。私は、人生の中で、こんなにいろんな人が混ざっているのは経験したことがありませんでした。

彼女は仏法にあまり期待してなかった。というよりも、仏法がどういうものか想像できなかったという。学業を終えてニューヨークに移り住んだ後に、彼女はアメリカ三大ネットワークの一つ、NBCテレビでレポーターの仕事を得た。そこで男性の上司と折り合いが悪く、悩んでいた。それを聞いた昔からの知人が、「是非この信心を試すべきよ」と言って折伏したのである。彼女は自分のことを思ってくれていて、仏法は素晴らしいというのでローラさんは試してみた。彼女に言われたとおりやったら結果がしっかりと出たので、続ける気になったという。

要するに、私は、じゃあ、試してみようというつもりで始めたのです。お題目を唱え出したその最初の週に、職場の同僚が私を、歩いているところを止めて、「どうしたの。どこかちょっといつもと違う」というふうにきいてくるんですね。当然彼女は、私が仏教を始めたなんて知りませんし、私はその場ではもう絶対言えません、仏教を始めたなんて。

そして私も自分が変わったなんて思ってもいませんでした。ちょうどその当時、職員写真を撮る機会があったんですけども、結局その写真を見て私は驚いたわけですね。その写真で私は、とっても明るく、幸せそうに写っていたんです。そんなふうに写っていたのは初めてでした。学生時代とかもたくさん写真を撮りましたが、学生のときは頑張って笑顔を、みたいなふうに写っていたんです。でも本当に嬉しそう、楽しそうではなかった。しかし、その職員写真はちょっと違う、どっから湧き出てくる、何ですか、嬉しさみたいなものを感じました。彼女がちょっと違うといった意味がわかりました。

この明るさを続けたいと思ったとき、池田会長の二年ほど前の生と死についてのスピーチを読んで、ローラさんは自分がそれまでの人生で抱き続けてきた疑問が解け、非常に納得するとともに心を打たれた。

題目をあげ、池田先生のスピーチから学ぶようになったローラさんは、しかしながら、コンベンションに対しては、最初、大きな違和感があったという。ローラさんがSGIに入会したのは197

6年。コンベンションの最盛期で、この年は、ニューヨーク、ボストン、フィラデルフィアで建国二百年祭パレードなどが行われていた。アメリカ建国二百年を祝うことも目的であったパレードであるから、アメリカの旗を掲げてのパレードであった。ローラさんは、そんなアメリカの旗を持ってやるなんてと思っていたという。

ケネディ暗殺、キング牧師の暗殺があり、大学時代に黒人への差別を目の当たりにする経験もあって、彼女は、ニューヨークに出てきた25歳の頃には、白人とは話しもしなかったという。学生時代も白人のいる学校に行ったが、白人とは一切話さない、友だちにもならなかったそうだ。アメリカの国そのものに失望していた彼女は、そんなアメリカのために旗を持ってパレードをするなんてと思っていたという。さらに、

私は基本的に組織というのはあまり好きではなく、当時のSGIは、とくに、ダンスしたり、パレードに出たりで、宗教とパレードの兼ね合いというのがよくわからなくて。これはまさに…、これはどうなっているんだというような疑問を持っていました。

1970年代の大規模なコンベンションは、多くの若者を動員する一方で、ローラさんのようにコンベンションのダンスやパレードが宗教とどのように結びつくのか理解できないという反応を引き起こした。これがフェイズ2の原因の一つでもあり、さらに日本文化とアメリカでの宗教活動の摩擦をも引き起こしたのである。しかし、この軋轢は題目によって、祈る心によって乗り越えられてい

く。ローラさんは、入信して二週間後、職場に新しく入ってきたゴージャスな男性に惹かれた。「何を祈ってもいいのよ」と聞かされていたので、「彼と結婚できるように」と題目をあげ、祈り始める。毎日一時間、題目を唱え続けた。「活動にも参加すれば、運も上向くわ」と言われ、ローラさんはそれを信じていなかったが、他の手立てもなかったので、彼と結婚したい一心で、それまで見向きもしなかった会合にも参加し、さまざまな活動にも参加するようになる。彼のため、ただただ言われたように試してみるほかなかったのである。その間にその男性は他の女性と結婚するのであるが、ローラさんは彼よりも素晴らしいものを手に入れる。題目をあげ始めて、自分は男性を御本尊としている（"man" was my objective for worship）ことに気づく。

私は、ボーイフレンドに強い願望がありまして、結婚願望が強かったのです。しかし以前のようにボーイフレンドに頼ることをやめました。それまでもボーイフレンドは、たくさんいました。しかし、ボーイフレンドがいることだけで安心していたのです。要するに、私は、情緒的に男性に依存する存在だったことに気づき、唱題によって、自分を見つめ、それを変え、自尊心を抱くことができました。

男性にとって金銭や権力が願望のように、女性にとっては、とくにアメリカ人の女性にとっては、素敵な伴侶を得ることが人生の目的になりがちである。これは日本よりもパートナーを重視するアメリカ文化において、また離婚の多いアメリカでより強い傾向であろう。ローラさんもこの傾向が強く、ゴージャスな彼を得るために祈った。しかし、素晴らしい男性さえいれば幸せになれると考えることは、結局は不幸になることに気づいた。なぜなら、それは他人をあてにしているからである。たとえよい男性であっても、彼に頼るよりも自分を見つめ、自分の偏見、先入観に気づき、それを取り除き自分自身を人間としてよりよく理解することによって、他者に対して開かれた心でもって接することができる自分を確立することがより重要であることに気づいたのである。

一年間で100万回の唱題を行ったとき、彼から電話があり、「僕はもう、とんでもない過ちを犯してしまった。ローラ、結婚してほしい、愛している」と言われたが、この一年間で人間革命をし、すでに変わっていたローラさんは彼の申し出を断った。戸田二代会長の言う「自分のよさを評価し、理解してくれる人を引き寄せるような信心をしなさい」ということが恋愛にとっては大事であるとわかり、そのような人を惹きつけようと決意する。まもなくローラさんは、ありのままの自分を評価してくれ、大切にしてくれる男性と知り合い、その男性と結婚するのである。

リーダーとなって

ローラさんは、さらに変わっていく。4年後に、地区リーダーになった。地区にはいろんなメンバーが来たという。あるときは黒人のおじいさんが入ってきたが、彼は少し酔っていた。また、そのおじいさんのボーイフレンドかガールフレンドかよくわからない友人がプエルトリコから来ていて、その人は性転換したいといっていた。このように自分が今まで出会ったことがない多様な人と彼女は出会うのである。しかし、この酔っぱらっていたおじいさんも信心をして変わっていくのを見る。信心をしていなければ会わないような人に会い、その人たちが変わっていく。最初はちょっと変わっているのでびっくりした人たちでも、その人たちを尊敬できるまでになっていった。

自分は、入信する前に、オープンマインドで、いろんなことがよくわかっていると思っていました。しかし、入信して、地区リーダーになって、いろんな人に会って、いかに自分の心が狭かったか、あらゆる人を受け入れていなかったのかがわかりました。

いろんな人を見たときにすぐ自分はこのような人だとある先入観、偏見を持ってみていたけれど、それが、いろんなタイプの人、いろんなバックグラウンドの人を受け入れることができるようになったのである。

その後ロサンゼルスに来て、ローラさんはエリアのリーダーになった。その頃は子供が小さくて、生まれたばかりの子供と4歳の子供を育てていた。家庭では子育てが大変な一方で、リーダーとしてはたくさんのメンバーの面倒も見なければならず、大変な毎日だった。いろんな会合に行くのも子供を連れていかなければならない。そのためメンバーの話をゆっくり聞けないこともあった。本当に忙しかったときだったけれど、いろんなことを学ぶことができたという。

いろんな人に仏法を紹介して、さまざまな問題を持っている人が変わっていくのを見ることで、信心がどういうことなのかを学ぶことができた。仏法がいかにいろんなことにプラスになっていくのかを見ると、確信がわくのである。

ハウスキーパーの人も題目をあげるようになりました。自分は彼女が信心するとは夢にも思っていなかったし、自分も別に紹介しようとも思っていませんでした。しかし、言ってみたところ、彼女は信心するようになったのです。彼女はメキシコ人で、スペイン語を話すのでスペイン語のワールド・トリビューンを見せてあげていました。ただ、仏法の話はあまりしませんでした。彼女は、カトリックの人なので、それほど入会させようとも思っていませんでした。一年経った頃に、ワールド・トリビューンもあげるのをやめました。すると、彼女の方から、「私のワールド・トリビューンは？」と言ってきたので、彼女はワールド・トリビューンを読んで、学んでいることがわかりました。それで一緒に題目をあげ、やがて彼女は御本尊をもらって、信心を始めました。今も夫婦で信心をしていて、彼女も前よりもずっと幸せになりました。

隣の人は、絶対この人は信心しないと思っていました。だから仏法も紹介もしませんでした。彼女には子供さんがいて、あるとき、子供のための文化祭がありました。そこで、子供さんを招いてあげました。娘さんは喜んで、ハッピーになって家に帰っていきました。親である隣の人は、娘があんまりハッピーな顔で帰ってきたのを見て、「自分も16歳のときから何かを信心したいと思って探していたの。これをやりたいわ。」と言って来て、信心を始めました。

現在、毎週月曜日、このメキシコ人のハウスキーパーの人と、ボストンから来たガチガチのリパブリカンの隣の人と、シカゴから来た自分の三人で一緒にお題目をあげています。三人とも背景が違う、だけど、三人で一緒に幸せになろう、お互いに幸せになろうと。みんな家族がいる奥さんで、家族の幸せのために題目をあげています。これが広宣流布《こうせんるふ》で、三人だけでも世界平和なんだなと思うんです。あまりにも違う三人は、御本尊がなければ一緒にならなかった、お互いに思いやりを持って、何かをすることはなかったと思う。今は友だち以上の関係で、お互いに激励しあっています。

アフリカ系アメリカ人の苦しみ

濃い焦げ茶色のズボンに長袖の白いワイシャツ、ネクタイをきちんと締めてインタビューを受けてくれたデリックさん[4]（仮名）は、細身で長身のアフリカ系アメリカ人である。1950年代はじめ、シカゴ市の南部で生まれた。デリックさんは、1974年に高校卒業後数年経ってから高校の同級生から折伏された。デリックさんは、宗教を探していたわけではなく、若い女性に誘われたので興味本位で会合に行ってみたら非常におもしろかったという。

会合で話していたことは、自分が考えていたが答えを得ていなかったことでした。たとえば、なぜ今自分がここに存在するのか、なぜ苦しんでいるのか、一人の人間が世界を変えていくのに何ができるのか、などです。

このデリックさんの苦しみは、言葉だけを見れば同時代の日本の新新宗教へ入った若者の「自分探し」「自己実現」の苦しみと同じように見えるかもしれない。しかし、絶対的な貧困状況にあり、個人の努力ではどうしようもなく、社会構造的に希望を見いだせない当時のアメリカ社会におけるアフリカ系の人々の置かれた状況を考えれば、日本人の「自分探し」とは異なることはもちろん、アメリカの白人たちとも質的に異なっている。

とくに当時は経済的に苦しんでいたのです。ですから次の日から唱題をしました。題目をあげていると「正しいときに正しい場所で[5]」正しいものに出会えると言われ、唱題をするようになったのです。

入会時は失業中で、鬱で、人生の方向性を探していました。1974年2月に御本尊をいただくと、近所に住んでいた大学教授と出会い、彼の友人を紹介されました。その人は政治家で、後にシカゴ市長になりましたが[6]、その人に雇われたのです。1974年8月にイリノイ州政府の事務職につきました。それまでは自分は工場で働いていて、初めてのオフィスワークでしたし、給料も今までで一番よかったのです。それで、より熱心に信仰しました。

どんなことでもやるようにと言われ、やったことは功徳につながっていったのでやっていきました。青年部の活動もしました。男子部で創価班[7]もしたし、音楽的な才能はなかったけど、ブラスバンドもしました。創価班が楽しかった。会員に奉仕できたので。

デリックさんは、SGIに入会して唱題することで、ハロルド・ワシントン市長に出会うという幸運に恵まれ、それまでよりも収入のよい事務職に就くことができ、貧困から脱出することができた。

これは日本でもよく見られる御利益と同じものと言えるかもしれない。

しかし、エスニック・マイノリティにとっての御利益の意義、ありがたさは、日本人には計り知れないものがあったはずである。彼らは自分のエスニシティ、学歴、人間関係の中では安定した職、たとえば事務職への道は、ほとんど閉ざされている状況の中で生きている。個人の努力ではどうにもならない社会で、デリックさんは「なぜ今自分がここに存在するのか、なぜ苦しんでいるのか」という存在に関わる根源的な悩みを持つ。人々のそのような思いが、ベトナム反戦運動や公民権運動を生んだのであろう。そしてまたその時代の中で、デリックさんのようなエスニック・マイノリティであるアフリカ系アメリカ人が自分の希望のない将来について悩みを深めたのである。それは、一般の日本人が経験したことのないエスニック・マイノリティとしての苦しみであるだろう。

デリックさんにとって、題目はかけがえのない御利益をもたらしたことは事実であるが、題目の功徳はそれにとどまらない。彼は題目を他の人に説明するとき、次のように言うという。

自分は観念的だけど、自分の説明は、宇宙に存在する力が自分の生命の中に存在する、その力を引き出すことによって、自分の環境に影響を与えていくということを話します。そして、34年前に自分が話されたとおりに、自分のニーズを達成するために、「正しい場所で、正しいときに巡り会うことができるよ」と。

アメリカはキリスト教的な背景があるので、多くの人は神がすべてを支配していると考えています。それに対して、人間はエンパワーされるんだ、その力で環境は変えられるんだということ、そしてその信念は、人々に与える影響が大きいと思います。とくに貧困や環境などどうにもならないとか、希望がない人々に影響を与えると思うのです。

題目の自分にとっての意味は、34年間信仰を続けるうちに変化してきたという。

最初の頃の自分は、信仰していたわけではないが背景的にキリスト教だったので、題目をあげるアプローチはまだどこかキリスト教的で、祈る対象を自分の外に求めていて、外にあると思っていたと思います。

次第に自分が本当に決意をしているときとか、どうしようもなくて祈るしかないときは、題目によって奇跡のようなことが起こると感じてきて、最近では、一つ一つの祈りが自分の決意でないといけない、自分の信念が物事をよくしていくことにつながっていくと感じています。

御本尊に救ってほしいと祈っていても、物事は変わらない、救われない。自分が大聖人様の仏法をもとに、環境を変えていくことができるんだ、状況を変えていくことができるんだ、自分が変えるんだと祈っているときに、その祈りが宇宙に作用して、そしてその祈りが叶うのです。

最初は重荷かもしれないが、最終的にはこういった考え方は、非常にエンパワーなんだ、つまり、自分の決意こそが、自分の決意のみが、自分の状況を変え、また自分の目的を達成させていくことができるのです。

南無妙法蓮華経と唱えることは簡単である。また、朝晩の勤行[8]にしてもたかだか10分から20分程度である。もちろん、アメリカ人が勤行を覚えるのは大変ではあるが、それでも修行としては簡単な部類に入るであろう。この単純さが、日蓮仏法がアメリカ人にも受け入れられることを可能とした重要な要因でもある。

しかしその表面的な単純さに比べて、唱題や勤行を繰り返し唱える中で見いだされる意味は、単純ではない。たしかに折伏のときは、「病気が治り、元気になりますよ」と現世利益を強調する。しかし、ただ御本尊に救ってほしいと祈っていても、物事は変わらない、救われない。教学の研鑽、コンベンションや創価班などの組織としての活動、折伏などの数々の努力を積み重ねた上で、祈りは決意であることに気づき、自分の決意こそが自分の状況を変え、人間はエンパワーされ、自分の目的を達成させていくことができるというのが、デリックさんの体験にもとづく理解である。

デリックさんは創価班の活動だけでなく、最初から教学も勉強していた。それは読むことが好きだったからという動機と、仏法を理解したい、そして人に自信を持って語りたいという想いがあったからである。

デリックさんは熱心に活動し、教学を勉強して、入会して4ヵ月後にグループリーダーに任命された。入会一年後くらいに男子部の地区リーダーになった。デリックさんが結婚したのは30歳で、当時は30歳から壮年部に移行することになっており、８０年に壮年部の支部長（chapter leader）になった。[9]

また、デリックさんは、入会した７５年からすべてのコンベンションに参加したという。[10] ７５年のコンベンションはハワイで開催され、デリックさんは、初めてハワイに行った。もちろん自費で参加し、一週間ほどハワイに滞在した。創価班で働きに働いたという。

そのときの仕事は、女子部が宿泊するホテルの警備だった。任務は三時間ごとのシフトになっており、みんなエキサイトしていたそうである。デリックさんはシフトで夜中に勤務し、朝は女子部のメンバーを朝食に連れていったという。コンベンション当日は、創価班で警備を担当した。池田に終始背中を向けて立つ警備役で、池田の姿を見ることもできなかったという。８１年のシカゴの世界平和文化祭のときは、

自分は、他の幹部の運転、警備の責任者でした。大きな仕事だった。開催は一週間くらいだったと思うが、一ヵ月は準備等に費やした。毎日、昼間は本来の仕事をして、夕方ミーティングしたり、週末に移動経路を運転したり…

とても大変だったが、とてもやりがいのある仕事だった。

異体同心という意味

デリックさんは、低くあまり大きくない声で、一語一語を選んでいるかのごとく、ゆっくりとしゃべる丁寧な話し方である。デリックさんは、現在も政治関係の仕事に携わっているのでいろんな組織を見てきている。その彼が言う。

私は、政治関係の仕事に携わっているので、いろんな組織を知っていますが、いろいろな人々（民族）が混じる組織は、ＳＧＩのほかにはほとんどありません。今、考えても思い浮かぶものはありません。市政を見てもさまざまな点で区分けされています。人種的にも地理的にも、その他さまざまな点で、区分けされているのです。そういったものが一つになるのは、難しい。まさに分割されているのです。

アフリカ系初の大統領となったオバマも、１９８５年ハロルド市長時代のシカゴに来住し、南部の荒廃した公営住宅団地を中心に、その環境を変えようとオーガナイザーとしてさまざまな努力をし、数々の苦労もし、そして挫折もしている（オバマ 2007）。

シカゴは、よく近隣の町（the city of neighborhood）と言われます。聞こえはいいが、じつは、小さい民族・人種の固まりです。歴史的にずっと一貫して、分裂してきたので、シカゴの人々が一つになることは、難しい。

シカゴは人口３００万人弱のアメリカ第三の都市である。人口の三分の一強が白人であり、同じくらいのアフリカ系の人々が住む[11]。また、ヒスパニック系の人も2割を占めるなど、また他にも多くの民族が「近隣の町」を構成している。

しかし、現実には多民族は混じりあっているわけではない。ユダヤ人ゲットーだけでなく、チャイナタウンもあり、コリアンタウンもある。人口としては多いポーランド系やドイツ系、ギリシア系などが近接して居住するが、これらのエスニック・グループは、実際には互いに深く交流しながら生活しているわけではない。多くのエスニック・グループは個別に、あたかも独立しているかのように分離・集住しているのである。

エスニシティに加え階層的な多様性と分離は、シカゴ学派社会学の業績を生んだといえよう。道路一本で隣接する高級住宅地とスラムを対照させた『ゴールド・コーストとスラム』（ゾーホー 1997）や、『ユダヤ人問題の原型・ゲットー』（ワース 1993）で描かれたユダヤ人地区など、シカゴ学派の令名をとどろかせたフィールドワークという調査技法が優れた切れ味を見せたのは、エスノグラフィーで取り上げられたさまざまな対象集団が適度に小さく、それでいて周囲から際立っていたからだといえよう。

シカゴのその顕現するエスニシティは、近年ではヴェンカテッシュ（2009）のエスノグラフィー『ヤバい社会学』（原題は、Gang Leader for a Day）を産み出した。

父が大学教授で裕福な南カリフォルニアの、中産階級家庭で育ったヴェンカテッシュは、「人間は、人種なんかでさえ、お互いの違いを乗り越えられると常々思ってい」たが（ヴェンカテッシュ 2009: 10）、アフリカ系アメリカ人の文化に触れたこともゲットーに行ったこともなかった彼はシカゴ大学に入学し、市南部にあるシカゴ大学近くの公営住宅団地で調査をすることになる。そこは、アフリカ系アメリカ人の貧困層の居住地域で、「アメリカ最悪のゲットーの一つ」「クラックの巣窟」「あそこへ行けばとてもとてもハイになれるってみんな知っている」ところ（ヴェンカテッシュ 2009: i, iv）であった。

そこでは、若者も女性も、その地域の外で職を得ることができず、その職も麻薬売人や売春婦がもっとも稼げる可能性のある職である。自治会長も警察官ですらも賄賂を取ったり、他人の稼ぎの上前をはねる。それは、１９９０年代半ばまでたしかに存在したシカゴのアフリカ系アメリカ人貧困層の姿である。

彼らにとって、法を遵守して正しく成功を収めることは困難である。日本人の若者が努力して学歴を身につけ、職を得るというような人生のルートは開かれていないのである。日本の若者が普通に描くような将来の希望が、個人の力では得られず、どうしようもない世界。そのような世界で生きるシカゴのエスニック・マイノリティにとって、日蓮仏法を信じるのは、経済的な成功、すなわち功徳や実証があるからなのであろうか。

たとえば、ずっと私はサウスで暮らしてきたから、カブスのファンになることは想像できません。たとえカブスが優勝しても、カブスの帽子をかぶろうとは思わないのです。

カブスの本拠地リグレー・フィールドは、シカゴ中心部の北側にあり、そのファンは、市の北部に多い。そして北部に住むアフリカ系の人は少ない。一方、市の南側には、もう一つの大リーグの球団であるホワイトソックスの本拠地、ＵＳセルラーフィールドがある。市の南部にはアフリカ系の人々が住み、ホワイトソックスのファンもアフリカ系の人が多い。２００９年の大リーグ・オールスターで、オバマ前大統領がホワイトソックスのジャケットを着て、ＵＳセルラーフィールドで始球式を行ったことは、じつに象徴的である。

座談会は地区が単位なので、地理的に（シカゴの）南はアフリカ系が多く、北はもっといろんな人種がいて、アフリカ系は少なくなります。私にとっても、アフリカ系住民にとっても一般的にいって非常に惹かれるのは、異体同心《いたいどうしん》[12]という考え方です。みんなが一緒になることが求められ、異なる人種や民族でも一つの目的に向かって進んでいくのです。

それは、私にとって、連鎖的に効果があります。つまり、いっせいに違う人たちが一緒に同じ作業する中で学ぶことができるのは、みんな同じなんだ、人間として共通なんだ、怖れとか、苦しみとか、あるいは幸せとかは、みんな誰も同じように感じるんだということを学ぶことができます。だから自分は、それを通して、白人に対する偏見を持たないようになれました。

（私が入会した）１９７４年は、アメリカ社会はベトナム戦争や公民権の運動など、大きな変化のときでした。その中で、自分は幸運なことに仏法に出会うことができました。自分に目的、焦点を与えてもらって、初めて人種や民族の違う人たちと同志と感じられるようになったのです。

なかでも、座談会は、「一つの部屋に一緒にいるべきではないようなバックグラウンドの違う、生活の違う多様な人々が一つの部屋に集ま」るので（口絵写真5参照）、シカゴの人々にとっても、アメリカ人一般にとっても驚きであり、同時にそれこそが、日蓮仏法がアメリカ人にとって持つ大きな魅力なのである。

「アメリカ化」する教え

「正しいときに正しい場所に」居合わすことができなかったアフリカ系アメリカ人も、白人とは口がきけなかった女性も、彼らに起こったことはアメリカ合衆国という多民族社会がもたらした弊害であろう。

そういう中で、初心の功徳をきっかけに希望が与えられ、青年部の活動、創価班での奉仕、コンベンションへの参加などによって、異なる人種であってもみんなが一緒になって一つの目的に進んでいく。アメリカ社会の中で、創価学会の教えが、「民族の歴史を超えて、幸せになっていくんだ」、「みんな同じなんだ、人間として共通なんだ、怖れとか、苦しみとか、あるいは幸せとかは、みんな誰も同じように感じるんだ」ということを実感、体得させる。それは「異体同心」を通して理解され、民族・人種の壁を乗り越えようとすることで、エスニック・マイノリティに他の人種に対する偏見をなくさせ、苦しみから幸福への転換を可能にするのである。

このような転換は、日本の創価学会では、当然、予見も想像もできなかったはずである。日本人には、バックグラウンドの違う多様なエスニシティの人々が分離している社会状況を十分に理解することが難しいだろう。

アフリカ系アメリカ人の苦難の歴史や、ヴェンカテッシュが『ヤバい社会学』で描くアフリカ系の若いギャングリーダー、麻薬売人、中毒者、売春婦たちや、彼らと対立あるいは無視する白人の警官や役人たちや、カブスの帽子をかぶらないアフリカ系の人々などなど、彼らのもろもろの生の意味が実感できなければ、シカゴが分断され、さまざまな差別が渦巻いていることや、そこから生まれる苦しみも、また、それが一つになる素晴らしさや希望も容易には理解できないだろう。

日蓮仏法がアメリカにわたり、SGIとして現地化していくという観点から注目すべきは、その教えに、新たな、変容する価値がつけ加えられることである。「異体同心」は、日本では「広宣流布《こうせんるふ》」をすすめるために、創価学会員の信心のあり方の範型の一つとして強調されてきたが、他民族との接触の少ない日本で生まれたその教えがアメリカに渡ったとき、日蓮御書において元来明確に想定されていない多民族状況に出会ったのである。

アメリカ合衆国という、宗教・民族・階層がきわめて「異体」状況的に広範に展開する社会の中で布教が進められていくとき、日本というきわめて同質的な社会において強調されていた「異体」には元来なかった価値が生まれ、つけ加えられたのである。御書の「異体同心事」が、多民族社会という「異体」的状況において、きわめてダイナミックに読解されていることが重要なのである[13]。

この異なる社会・文化の中で生きる人々の生活に則した新たな価値が創発することによって、創価学会の教えはアメリカ化し、SGI-USAの教えとなったのである。

2 21世紀の女人成仏

入会動機

髪を短く刈り上げ、きれいに整えたピーターさん（仮名）は、190センチくらいの長身で、ポケットチーフを差したスーツ姿で、じつにかっこいい。お父さんがスコットランド人で、お母さんがドイツ人である50歳代の白人である[14]。

彼はベビー・ブーマー世代で、20歳代の始めにニューヨークで折伏を受けた。それはカリフォルニア出身で東洋のものが大好きな友人からであった。その当時はヒッピーの時代であり、ヨガやインドの宗教や自己啓発セミナーなど、さまざまな宗教的なものがあり、仏教の話を聞くこともそれほど奇異なことではなかった。しかしピーターさんが仏法に興味を持ったのはその内容ではなく、折伏した友人が何度も誘ってくれたことと、彼の生き方が変わっていくのを目の当たりにしたからであった。

　彼はちょっと正直とは言いにくい人で、言ってしまうと、人を利用するような人でした。

彼は多くの人からお金を借りていて、街を歩いていると、あっちでもこっちでもお金を借りている人に出くわして、そのたびに走って逃げなければならないようになっていた。人から逃げるのは一例にすぎず、他のことでも困ったことがあると逃げ出していた彼だが、御本尊をいただいてからは、因果の理法があることを、そのときはまだ信心を始めたばかりで、それほどはっきりとわかっていたわけではないが、世の中に働く何らかの力があることを理解し始めて、彼は逃げ出さず、自分の犯した悪行に真剣に向き合うようになり始めたという。このように彼が変わっていくのをずっと見ていたことは、ピーターさんが信心を始める大きなきっかけの一つとなったという。

ピーターさんは、ニューヨークに住む前にはロンドンでショー・ビジネスに携わっており、それはそこそこうまくいっていた。しかし、ニューヨークに移ってきて、同じくショー・ビジネスをやってみたが、ニューヨークではうまくいかなかったという。

私は20代のアメリカ人で、ニューヨークにいて、ヒッピーの時代ですし、もうこの先、自分の人生をどっちに行っていいかわかりませんでした。

このように困難な状況にあったピーターさんであるが、だからといって盲目的に仏法の教えにすがっていったのではなかった。

私は、私はですね、最初はですね、よく知らなかったので、SGIは、最初はちょっとカルトっぽいな、と思いました。私は、よく知らなかったので、変だな、なんかあるなという印象は拭いきれませんでした。

それが変わったのは、池田の話を聞いてからであるという。

1978年か、1979年ぐらいにワシントンDCに行って、池田先生のお話しされることを聞きました[15]。ちょっと身を引くところもありましたけれども、でも、やはりすごい印象深いお話だったので、それまで思っていた池田先生、あるいは池田先生のお話、また創価学会のイメージがそこで変わりました。

ピーターさんは、そのワシントンＤＣでの池田の話の内容を具体的に覚えているわけではなかった。

そのときにとくに覚えていることは、先生は本当に誠実な方、思いやり深い方なんだなあということです。先生は、コートを脱がれました。下は半袖を着ていらっしゃいました。そして先生は机の前に座られました。私はこれらのことを今でも本当によく覚えています。先生は、「ゆっくり、本当にリラックスしてください」とおっしゃいました。先生は、まだ信仰年数が浅い私たちに対しても普通に、まるで自分の家のリビングルームにいるように、話してくださったのです。

教団のトップの立場の人だったら、大声で命じたりして威圧的ないい方をするようなこともあるだろうし、ピーターさんは、池田に会う前には、池田先生とはそのような指導者だろうと思っていたのだろう。ところが先生は、イメージしていたのよりもずっと人間味豊かな方で、家族と話をされるように話したのであった。これが強く印象に残ったという。

私はアメリカ人で、傲慢で、そのうえ多くの功徳もいただいた、でもこの人であれば自分は、話を聞けるし、この人ならばついていけるなと思ったんです。

また、「絶対幸福」という概念に非常に興味を惹かれたという。絶対幸福は、ピーターさんが池田のどこかのスピーチで聞いたのか、あるいは何かで読んだのかは忘れたが、信行学《しんぎょうがく》の中で「信」がいかに大事で、信じるということがいかに幸せに結びつくか、ということがわかり、自分も信じるようになったという。

私にとって「信」とは、私はクリスチャンだったので、信じることに対して、維持というか、深く信じるというよりも、ただずっと続けていくということでした。でも、それに対して仏法では、「信」には必ず実証《じっしょう》という裏付けがありますし、私はその実証を見てきました。だから私は、これからずっと実践していこうと決めたのです。

信じることによって実証を得た友人の姿、人々の姿を見てきたし、実際に自分も功徳を得てきた。そして、そこに絶対幸福という概念が与えられる。それによって、当初は自分でも思い込みかもしれないという疑いを幾分持っていながらも、この実践を自分は最大限やり続けようと決心するのである。

慢性の肝臓病も克服できました。お母さんとお姉さんは病気だったのですが、亡くなるときには幸せでした。ビジネスでは、ほとんど何にも無いところから会社を興し、いまでは社員数も200人から300人、年商も500万ドルほどですか。

ピーターさんは、「自分は、今はハッピーだ」と言う。しかし、彼の育った家は、あまり幸せではなかったようだ。

私の家系の遺伝的なところから考えると、うちには幸せっていうものはない、遺伝的に私の家族は。

具体的な話はなかったが、おそらくお父さんの家族やお母さんの家族などからいろいろ判断してみると、決して幸福に手が届くような家庭ではなかったようだ。それを踏まえると、ピーターさんがハッピーだと言えること自体が、彼にとって実証以外の何ものでもなかったのだろう。

ゲイと日本人リーダー

私はエイズ・ウィルスを持っています。でもまったく健康です。

続けて、ピーターさんは、医者に、ピーターさんが死ぬときはエイズで死ぬのではなくて、コレステロールのせいで死ぬことになるだろうと言われたという話を披露してくれた。それくらいにピーターさんは、健康だという。

私が信心を始めた当初は、性的な関係を持っている人が多くいました。その結果、肝臓の病気にもなってしまいましたし、きちんと治療も受けなかったから、肝炎にもなってしまいました。結果的には慢性肝炎となってしまったのです。

慢性肝炎は、もちろん、大変な病気である。そのとき、総合方面長であった日本人のリーダーから受けた指導は、こういった問題を克服するためには、もっともっと真剣に、また強盛な信心をしていきなさいという指導であった。ごく普通の指導である。

彼は、いつも驚くほど素晴らしかった。彼は、ゲイだからとか、ゲイだからこういった指導をするということでなくて、信心の指導をすることでした。

彼の指導は行動を起こしなさいということでした。ただ座って題目をあげるのではなく、アクションを起こしなさいと。

この指導によってピーターさんはSGIの活動に加わるようになり、日本に登山[16]に行って、西武球場で行われた世界平和文化祭[17]に参加したり、折伏をしたりするようになるのである。

ただ、この点で素晴らしかったのは、SGIのリーダーのすべてではなかったようである。このときの総合方面長はどちらかといえば珍しい存在だったのかもしれない。だからピーターさんは、「彼は、いつも驚くほど素晴らしかった」と言っているのであろう。

他の人の例をあげてみよう。ジェリーさん（仮名）は、1960年代に入会した古くからのメンバーである。ジェリーさんは、入会したときに自分自身のゲイである性的傾向にもちろん気づいていたし、それゆえ自分のヴィジョンに沿った幸せな家庭を築きたいという希望が入会動機の一つでもあった。

だから彼は、入会間もない頃の指導（ガイダンス）で、リーダーに尋ねた。

「どうしたら、自分のパートナーとなるボーイフレンドを見つけることができるのか？」

するとリーダーの、その初めての指導のときの答えは、「一日一時間の題目を一週間あげなさい」ということだった。「そうすれば、ボーイフレンドは、一週間以内に見つかるでしょう。一週間後に見つからなかったら、また指導に戻ってきなさい。」

ジェリーさんは、毎日一時間しっかり題目をあげたが、しかし、ボーイフレンドは現れなかった。何でなのかと思い、指導に戻ったら、「二時間題目をあげなさい。一週間経ったら戻ってきなさい」と言われたという。そして、二週間後も、やはりボーイフレンドは見つからなかった。

ジェリーさんは、何でなのかと本当に困惑（upset）したし、この信心は効果があるのかと疑問に思った。そこで、同じ日本人のリーダーに、なぜなのかと尋ねたのである。すると、

その日本人のリーダーにすごく怒鳴られて、「あなたはゲイであるなら仏教徒になれない。ゲイは御本尊をお護りできない。仏教徒とゲイは両立できない。どっちかを選ばなければならない」と

言われました。それで、本当に心が傷ついたのです。私はその後に五時間、題目をあげました。そのとき題目をあげて、あげて、あげている中で、すると本当に初めて幸せだと感じました。だから、五時間経って、私は今後も題目をあげ続けることに決めたのです。パートナーのことは考えずに、パートナーのことは切り離して、それとは別に題目をあげることにしたのです。そして、私は隠れて、何年も、何年もゲイではないふりをし続けました。

さらに上位の別の日本人幹部から、ジェリーさんは結婚を強く勧められ、そして結婚した。レズビアンの女性とお見合いをさせられたのである。ジェリーさんはSGIの職員になっていたが、女性と結婚している3ヵ月の間、「子供をつくらないと、仕事も失うし、SGIもやめなければならない」と言われていたという。当時の日本人の常識的な夫婦観や家族観が強要されたのである。

そのリーダーは、ゲイのことを酷く言ったりしていたので、本当につらかったという。「ゲイはリーダーに任命しない。リーダーであれば結婚しなければならない」と、彼は常々公言していたのである。

転機は、池田先生がもたらしてくれたという。

ジェリーさんは、80年代までは本当に抑圧されており、本当に心の中で苦しかったというが、その頃日本に行ったとき、アメリカの日本人リーダーたちと一緒に、池田先生が夕食に招いてくれた。先生はとてもフランクに話してくださり、あたたかく、太陽のように包んでくださった。そして会食が終わり、先生がレストランから出て、みんなも出ようとしたとき、自分が立っていると、先生が来て、「いくつ?」「結婚しているの?」と聞かれました。

また、お見合いさせられるのではないかと驚きながら、「結婚していません」と答えると、「結婚する予定はあるの?」と聞かれ、「ありません」と言いました。

すると、先生は、じっと私の目をのぞき込んで、「他の人から言われて結婚する必要はない。私が何を言おうとしているか、わかるな」と言われ、「わかります」と答えると、他のアメリカのリーダーに対しても、「私が何を言おうとしているのか、わかるな」と言い残して、先生はレストランから出て行かれました。私の心を開いてくださったのは、先生だったのです。

しかしながら、

とはいえ、長い、長い間、隠していて、心を閉ざしていたので、心を開くのに十年かかりました。三十年間、本当につらい思いをしていたので。その間、自分は組織のリーダーとして、他の人の面倒をみることが責任だと思って、それだけに集中してきましたから。

ジェリーさんは、コンベンションを最初期から中心となって牽引してきた。コンベンションがアメリカ全土を巡るのに合わせて、アメリカ全土を廻ったのである。

ジェリーさんは、現在、次のように来し方を振り返っている。

自分は、とくに技術があったわけではないが、周りの人が賞賛してくれたりして、またニューヨークに住んでいたことも利点となって、リーダーたちが私を尊敬してくれたし、賞賛もしてくれたのです。コンベンションなどの作業を通して、また行動を通して、ゲイに対するそれまでの典型的なイメージを変えることができたのではないかと思っています。

LGBT[18]グループの形成

再び、ニューヨークのピーターさんに戻ろう。

ニューヨークにも多くのゲイやレズビアンのメンバーがいました。そして、アメリカ社会全体を取ってみても、ゲイやレズビアンの多くは黙ったままで、人には言わなかったのです。なぜなら、その頃、SGIの何人かのリーダーはアメリカ人でしたが、リーダーはまだまだ日本人が多かったからです。日本の文化ではホモセクシャルは、たぶん、あまり知られていなかった。私は、日本人はゲイに対して差別的だと言っているのではないのですけど。

SGIの組織では、ながらくリーダーは日本人が多数を占めていた。ヒッピーの加入以降、1970年代にかけてのアメリカ人の増加によって、日本人の占める割合は急激に減少した。1980年頃にはアメリカ人の方が総数では多くなっていたが、リーダーに占める割合はまだ圧倒的に日本人が多かった。地域によってはアメリカ人のリーダーもいたが、組織全体で見れば、やはりリーダーは日本人が大多数であったといえるだろう。

日本の文化伝統の中で、近代以前は同性愛に寛容だったと考えられているが（リューブ 2014）、この当時の日本人SGIリーダーたちが育った時代においては、当時のアメリカよりもさらに同性愛に対しての理解は低かっただろう。

ジェリーさんに、見合いを強いたリーダーは別格としても、この当時の日本人の普通の年長者なら、男性であっても女性であっても、たとえば30歳にもなった独身男性に対し、「まだ結婚しないの」と訊いたり、「いい相手を紹介しようか」などと言って、実際にお見合いをさせたりするようなことは、しばしばあったことと思われる。

当時の日本人ならば、それほどお節介でなくても、男女が結婚することは自然で、独身者に異性のパートナーを紹介することは、独身者のためになると素直に思い込んでいるだろうし、その際、紹介しようとしている独身者が同性愛者かもしれないなどとは、夢にも想像していないだろう。

ピーターさんは、自分は日本人がゲイに対して偏見を持っているとか差別するとは、決して言っていないと、慎重ない い回しをしているが、その当時やはり日本人は、ＬＧＢＴの人たちを受け入れにくい文化を持っていただろう。だからアメリカのメンバーも、自分が同性愛者だということをひた隠しにせざるをえなかったのである。

ここで、アメリカにおけるＬＧＢＴの歴史を簡単に振り返ることも有益であるだろう。

ＬＧＢＴに関する文献によると、[19] それは１９６９年のストーンウォール暴動から始まる。６月28日の早朝、ニューヨークのグリニッチ・ヴィレッジのゲイのためのバー、「ストーンウォール・イン」への警察の手入れをきっかけに「ストーンウォール暴動」が起こり、その後三日間続くのである。もちろんそれ以前からゲイの解放運動はあったし、ゲイのバーへの警察の手入れもこのときが初めてではないのだが、「ストーンウォール暴動」は、多くの人々の注目を集め、その後のゲイの意識や生活に大きな影響を与えたという点で、大きな事件なのである。

この事件をきっかけに、ニューヨークではゲイ解放戦線が結成され、さらには全米各地でさまざまなゲイの団体が結成された。一年後の１９７０年６月29日、ＮＹでストーンウォール一周年を記念してパレードが行われ、これ以降、全米に広がり、これが今に続く「プライド・パレード」[20] となる。

１９７０年代は、ゲイの運動とバックラッシュ[21] のせめぎ合いの時期であった。ゲイの運動の前進としては、７３年アメリカ精神医学会が、『精神疾患の診断と統計マニュアル』（ＤＳＭ）から同性愛についての記述を削除したことがあげられる。これによって、同性愛は精神障害ではないことが認められる。

それに対して７０年代後半は、ゲイ解放運動に対するバックラッシュが強くなる。７７年フロリダ州でアニタ・ブライアントが「私たちの子供を守れ」キャンペーンを行う。それは、ゲイに同等の権利を与えると、無垢な子供たちがゲイに堕落するという主張であった。その結果、フロリダ州の主要な都市を含むマイアミ・デード郡の郡議会では、ゲイ差別撤廃の条約が通過しなかった。

１９７７年11月には、サンフランシスコでハーヴェイ・ミルクがゲイとして初めて市政執行委員に当選する。この前進に対して、彼は翌年の11月27日同じ市政執行委員のダン・ホワイトによって殺される。７９年5月21日、これは謀殺ではなく故殺（殺意なき殺人）という判決が下り、これを当然不満とする人々は、サンフランシスコで大規模なデモを行った。これは「ホワイト・ナイト」と呼ばれる暴動である。７９年10月14日にはゲイのための初めての「ワシントン大行進」が行われ、10万人が参加する。

１９８０年代のレーガン政権時代は、保守化の時期であったが、この時期にエイズ危機が生じる。８１年７月、全米疾病管理予防センター（ＣＤＣ）によって、ゲイ男性がカリニ肺炎で死亡する例が急増していると報告された。８２年８月、このゲイの疾病がエイズと名づけられる。この時点で４１３症例、１５５名の死亡が報告されている。このように８０年代に入ると、あまりにもエイズで亡くなる人が多くなり、社会全体としてもエイズをひた隠しにすることができなくなった。そして、その象徴が１９８５年のハリウッド・スターのロック・ハドソンのエイズによる死であった。

このようなゲイを取り巻く社会不安の中で、ＬＧＢＴグループの萌芽があった。

ニューヨークのピーターさんは語っている。

ＳＧＩも、もちろん社会の一部だから、ＳＧＩもそういったエイズに対して、僕がエイズだとか、僕がゲイだということを隠すことができないような状態になってきたので、そのあたりからゲイの、レズのメンバーも、「自分はゲイだよ」、「レズだよ」と言いつつ、そしたら「あなたもそうなの」、「僕もそうなの」となってきて、それでグループが自然にできてきました。

グループ形成ということに関して、少し説明しておいた方がよいだろう。日本・創価学会は、年齢階層と性別による組織として四者、つまり壮年部、婦人部、男子部、女子部の組織がある一方、さまざまな職業や特徴によって各部が構成されている。芸能部、ドクター部、学術部、社会部、団地部、離島部など非常にさまざまな部がつくられている。

SGI-USAの基本組織も四者であるが、それとともに、日本には存在しないグループが形成されている。それは言語を中心としたエスニック・グループであり、中国語を中心とするグループ、韓国語のグループをはじめ、ベトナム語、スペイン語やポルトガル語のグループ、ペルシャ語のグループ、それに日本語のグループなど多くのグループが作られている。このようなグループの一つとしてLGBTのグループができてくるのである。言語のグループと同様に、LGBTグループも日本には存在しない。

LGBTグループが作られたことには、二つの目的があるとピーターさんは説明する。

LGBTグループとしては二つ主な目的がありまして、一つは普通のローカルの地区で、みんなこういったメンバーでゲイの人とかいるじゃないですか。でもやっぱり自分たちがゲイだってすると、ゲイじゃない人たちはやっぱり不思議なもので何かあるわけです、話し合えないとか。またとくに自分がゲイで、リーダーがゲイじゃなくて、そのゲイじゃないリーダーがゲイのことをよくわからなかったりすると、やっぱり指導を受けるといっても、なかなか。そういった意味で、メンバーによってはそれが理由で地区での活動がなかなかしなくなってしまうとか、しにくいといった人がいます。

ですからこのLGBTの目的は二つあって、本当にメンバーが各自しっかり信心をできるようにお互いサポートしていく。でもそれが必ずしも、だからといって、地区から引き抜いて、「地区で活動しなくていいからうちで活動しなさい」って、そういう意味ではないんです。本当に、各自がお互いサポートしつつ、信心の向上を目指します。また、もう一つの目的が、やはりSGIといえども地域、たとえば場所によってはゲイの人とかのことがよくわからない人たちが多い地域もありますから、そういった人たち、とくにそういったリーダーに対する理解を促してあげるリソース(resource)になっていこうとしています。コミュニケーションをよく取っていけるために活動しているのです。

このLGBTグループが創設された経緯には、意外なことに、日本の宗門問題の影響があった。1991年の宗門問題以前は、創価学会も当時のSGI-USAも、形式的には宗門の下部組織であった。1967年にハワイとロサンゼルスの郊外のエチワンダで正宗の寺院が建てられて以来、全米（ハワイを含む）では、全部で6ヵ寺が建てられ[22]、メンバーは折々献金し、奉仕していたことは、日本・創価学会と同様であったといってよいだろう。宗門寺院は、アメリカでも授戒を行うとともに、葬儀などの冠婚葬祭も執り行い、その都度の供養として献金を集めた。

ところが1991年、日蓮正宗は創価学会を破門する。日本・創価学会は宗門と袂をわかった後、独自に授戒を行い、友人葬を行うようになるが、じつはアメリカにおいてもパラレルな事態が生じた。

宗門問題が91年にありましたね。そのぐらいから、それまでは、結局お葬式であるとか結婚式というのはお寺の僧侶がやっていてくれていたわけですから。でも、それが分かれてからやってくれる人がいないじゃないですか。それから、しばらくして、そういった結婚式自体、この組織、SGIアメリカとして、ここの会館でやっていいかどうかという問題が出てきました。

ストレートの方たちが結婚式とかされていますと、一方でゲイの方たちが、「じゃあ僕たちの結婚式はどうなるの、やってくれるの?」みたいな質問がちょっとずつ出てきて、それが中央の方に行って討議されて…そういった流れがあって、今は結婚式もできます。[23]

ロサンゼルスにいたジェリーさんは、1996年に全米でのLGBTグループの形成に大きな役割を果たした。彼の体験を聞いたこのときの最高幹部の一人から、ゲイのメンバーのケアをしてほしいと頼まれ、96年当初は、まだ組織として公式にではなく、友人としてゲイのメンバーをサポートした。

2000年のワールド・トリビューンでは、6月に各地で催されたLGBTプライド・セレブレーション(Pride celebration)にSGIのメンバーが参加していることが記事となっている。サンフランシスコでは、LGBTプライド・セレブレーションに参加するのは、この年で三年目だった。この年のサンフランシスコ・プライド・パレードは、推定75万人が参加した大きな行事となっており、地元のテレビ局でも中継された。ＳＧＩからは、１５０人が参加していた。また、ヒューストンでは50人以上、シカゴでは90人以上、シアトルでは25人、フィラデルフィアでは約40人のほか、ニューヨークやボストン、オハイオ州のコロンバスでＳＧＩメンバーが参加していたという（WT, Aug. 4, 2000, pp.6-7）。

時代は大きく変わりつつあった。

そうした中、フロリダ自然文化センター（Florida Nature and Culture Center：ＦＮＣＣ）で他の言語グループなどと同じようにＬＧＢＴのカンファレンスを開いてほしいという声が、いろいろなところから数多く集まるようになったという。[24]

ジェリーさんは、全米各地で開催されたコンベンションのためにいろいろな場所を廻っていたので、さまざまなところでゲイの知り合いも多かった。そのような人脈を持つジェリーさんは、２０００年にＦＮＣＣにおいて開催されるＬＧＢＴグループのカンファレンスのコーディネーターの一員になるように依頼され、尽力することになったのである。

そして、翌２００１年３月にフロリダ自然文化センターで第一回のＬＧＢＴカンファレンスが開催された。そのときのカンファレンスに参加した青年の体験が、ワールド・トリビューンに掲載されている。

カンファレンスでは、多様性の意味と青年の使命をよく考える機会が持てました。多様性の尊重は、話題の言葉の一つとなっていますが、仏教の観点からはとても重要なことで、私たちＳＧＩのメンバーの間にどんな差別もあってはならないのです。すべての人間は平等な権利を持っています。生まれつき持っている人間としての尊厳には、まったく差異がないと池田先生も話しておられます。しかし、性的な指向で差別されなくても、同性愛の人たちが自分の生活や家族や、愛する人のことを自由に語れるでしょうか。異性愛の人たちと同じように職場において。

仏教の教える平等は、すべての人をまったく同じにする平等ではなく、もっと深く、豊かなもので、平等な世界では、それぞれの人は何らかの意味あるもの、素晴らしいものを世の中に与える存在と考えられています。人種でもジェンダーでも文化的背景でも性的志向でも、それぞれの人の個性は、それによって、私たちはそのままで価値ある人間となるのです。仏法の実践によって、自分の人生は素敵になり、他人の生活の尊さを正当に評価することができます。仏法の目的は人生を型にはめるのではなく、むしろ自由に、十分に自分らしく生きることです。私たちは自分自身の特徴を活かすことで、個人の生活を幸福にするだけでなく、社会全体を幸せに改善するのです。（WT. Apl. 27, 2001 別冊 p.A より要約）。

ＬＧＢＴカンファレンスは、開始以来、今年（２０１４年）で14年目になるが、年を追って成功を深めているとジェリーさんは述べている。

ＬＧＢＴグループやカンファレンスの意義を通じ、21世紀初頭、アメリカ合衆国において日蓮仏法がどのようなポジティブな意味を持つのか、さらに考察を加えてみたい。

次もやはりワールド・トリビューンからの引用で、『本当の私になる』というタイトルの体験談の一部である（WT, May 21, 2010, p.6）。

私は、日本でシャイな少年として育ちました。中学生になると、私の身体は変化し始め、そして、その変化に私は非常に強い自己嫌悪を感じたのです。大学に入った一年目、私はこの苦しみがどこから来るのか気がつきました――私は、女性になりたかったのです。

この時代の日本で、カミングアウト（性的指向を表明）するには、相当大きな勇気が必要であったはずである。大学のガールフレンドに告白すると、彼女は、その告白を否定することなく、「自分が感じるところを信じ、進みなさい」と勇気づけるアドバイスを与えてくれたという。そのガールフレンドも、ピーターさんを励ました日本人リーダーと同様に稀有の人だったと思われる。しかしながら、周囲の現実は厳しかった。

1994年のこと、駅ですれ違った男から、「気色悪いやつ」と言われました。それ以来、自分の本当の姿をさらすことが恐ろしくなり、できなくなったのです。

三年後にロサンゼルスに来て、自分の本当の心と姿は傍において、TV制作会社で働き仕事に集中しました。しかし、心は深く落ち込み、疎外感を味わうばかりでした。

その後、仕事もなくなり、ビザも切れそうになったときに折伏され、御本尊を受持し、信仰を始め

る。まもなく仕事も見つかり、グリーンカードの申請もできるようになり・・・

生活が安定したので、私はジェンダーの問題が解決できるよういっそう熱心に唱題をするようになりました。

ある日、私は泣きながら御本尊の前で、女性になりたいと祈っていました。そのとき突然、この苦しみは、じつは苦しみでなくかけがえのない賜物（gift）なのであり、私が人生を本当に正しく理解できる貴重な機会なのだと気がつきました。この見方の転換によって、私はセラピストの診察を受ける決意をし、ジェンダーを換えるための勉強を始めました。

苦しみは苦しみでなく、それこそ天から与えられた賜物であるという認識の転換には、まさに「願《がん》兼《けん》於《お》業《ごう》」のエッセンスがある。[25]「願、業を兼ぬ」とは、大菩薩として偉大な福運を積んだ人が、苦しむ衆生を救いたいとの願いによって、悪世に生まれて妙法を弘通《ぐつう》することである。つまり、悪世に生きて苦難に遭うのは、決して宿命ではなく、じつは人を救う菩薩の誓願ゆえなのである。

池田は、「願兼於業」こそ日蓮大聖人の御境地そのものであり、また宿命転換論の真髄であると述べている。つまり、誰しもが持って生まれた宿命こそ、まさにそれこそが願ったところのものだと認識を新たにしたとき、「宿命を使命に変える」可能性が開けるということである（池田 2004: 322-4）。

この認識を得たとき、「私」の信心はいっそう堅固なものとなったのであった。

2008年4月に、女性になる勇気を得るために、SGI-USAフロリダ自然文化センターで開催されたLGBTのカンファレンスに参加し、師弟不二について深く学ぶうち池田先生の勇気ある行動をお手本にしようと決心しました。池田先生は、確たる信心を持って、あらゆる障害に打ち勝ってこられたのです。私も池田先生の弟子となることを決意しました。私は、自分自身になる勇気を奮い起こさねばならなかったのです。カンファレンスの一ヵ月後、セラピストと医者の支援を得て、ホルモン療法を始めました。

そして家族に手紙を書き、職場でも女性として生きる決意を伝える。

（職場で）彼らが私を拒否し、悪ければクビになるかもしれないと思って怖れていたのですが、しかし逆に、彼らは私の決意をとても尊重してくれたのです。誕生日の前日のこと、彼らは、私の新しい女性名をデコレーションしたバースデーケーキを用意してくれ、私はとても驚かされました。彼らは、私の新しい女性名を使ってくれたのです。この日は、生涯で最良の誕生日となりました。

しばらくして、両親から手紙を受け取りました。それには、「あなたは本当に優しい子供です。あなたが考え抜いて、女性になる決意をしたのを知っています。私たちはあなたを尊重しています」と記されていました。私は、あふれる涙とともに、両親と師匠の池田先生に深い感謝の念を持って唱題しました。

本当の私を求める15年もの長い旅が、ようやく終わりを迎えようとしていた。長い旅路の中で、「私」はたんに姿形を変えて女性になっただけでなく、「宿命を使命に変える」人間革命、つまり内面的な変革を成し遂げたのである。

日蓮大聖人は、「米変じて人となる・人変じて仏となる・女人変じて妙の一字となる・妙の一字変じて台上の釈迦仏となるべし」と述べています。[26]

この大聖人の言葉は、誰もが真の人生を生きるために人間革命が必要であることを説いているのです。私は、姿形が変わったことよりも、より深く内面的に変革をとげたのです。仏法を実践することで、自分の中の女性性をまるごと抱擁できる——そういう勇気ある自分に変わることができたのです。ついに今、私は、本当の私になったのです——強い、幸福な、美しい女性として。

「女人変じて妙の一字となる」という言葉は、13世紀の日本にあって、ほとんど一人で力強く女人成仏を説いた日蓮の信念から発せられている。御書を紐解けば、ジェンダーの平等という意識がほとんど存在しなかった時代にあって、随所で繰り返されている女人成仏、あるいは女人についての言及のおびただしさに、誰もがきっと驚かされるはずである。

そして、日蓮のその主張はきわめて明快である。以下、「開目抄」から引用してみよう。[27]

竜女が成仏此れ一人にはあらず一切の女人の成仏をあらわす、法華已前の諸の小乗教には女人の成仏をゆるさず、諸の大乗経には成仏・往生をゆるすやうなれども或は改転の成仏[28]にして一念三千の成仏にあらざれば有名無実の成仏往生なり、挙一例諸《こいちれいしょ》と申して竜女が成仏は末代の女人の成仏往生の道をふみあけたるなるべし

日蓮が、極東の島国で七百年前に宣した、「末代の女人の成仏往生の道」が、遠く時空を越えて21世紀、アメリカ合衆国に生きるＬＧＢＴの人々を力強く鼓舞し激励しているのである。

前掲の体験談には、日蓮が「ふみあけた」「改転の成仏」でない、ダイレクトな女人成仏であったからこそ、涙に泣きながら祈る御本尊の前で、突然、視点の転換がもたらされたことがよく示されているだろう。苦しみが苦しみでなく、じつは、その苦しみこそ、私が、本当の私になるための他にかけがえのない賜物なのだという認識は、まるで天啓のようである。

じつに、まさに、今日そのような「宿命を使命に変える」現証として、ＳＧＩ－ＵＳＡのＬＧＢＴメンバーの体験もまた存在している。

転重軽受から自行化他へ

ＦＮＣＣで毎年開催されるＬＧＢＴカンファレンスは人気があり、参加者数は、平均して１４０から１８０人くらいと多い。今までで累計で２千人くらい参加しているという。また、ＦＮＣＣ以外にもＬＧＢＴの人たちが集まって座談会が開催されている。

ロサンゼルスなどは、もっとも進んでいるので、もはやゲイのグループを作る必要がない、必要性

を感じないところまでいっているようだ。[29] 進んでいる地域では三、四年前からゲイをとくに別扱いする必要がなくなってきたということだ。もちろん、地域によっては閉鎖的なところもあり、そういうところでは小さなグループを作っているという。

再び、ピーターさんのインタビューに戻り、まとめよう。

１９９４年にＨＩＶポジティブだと診断されました。エイズ自体は、１９８０年、１９８１年ぐらいから問題となり始めていました。その直後から、私は、いわゆる「安全なセックス」をするようになりました。コンドームを使うとか。

だから、９４年に診断されて、とても意外だったし、またショックでもありました。だって、多くの人がエイズで亡くなってから14年後なんですから。その間、多く「安全なセックス」で、多くの題目をあげ、多くのお葬式にも出て。私は信仰者となっていたのに、何で、なぜなのか、わからなかった。

でも、私は診断されました。ウィルスは私の体内に15年間、棲みついていたのだろうか？ 私は医者のところに行き、検査などを受けました。ある日、私は、これは間違いだと思いました。しかし、医者は間違いではないと言ったのです。この診断に私はとてもびっくりしました。多くの人たちもエイズと診断されて、何かわからないうちに死んでいきました。それからずっと経って、私は何も危ないことをしてなかったのに。

だから、私は心配するのをやめました。で、判明したことによって、自分の命に対して、非常に感謝するようになりました。また同時にSGIに対する関心もさらに深まっていきました。これは証明するのは難しいですが、もし私が信心していなければ、今日、このような健康状態で生きていることはまずないでしょう。本当にミスティックという意味で、妙法というか、不思議というか、不可思議で、説明しろといわれるとできません。なぜ私がこうやって、信心でもってここで生きているのか。

また、タイミングも絶妙です。「転重軽受《てんじゅうきょうじゅ》」[30]という言葉がありますね。仏法の教え、実践のお陰で転重軽受というコンセプトを自分の中で体現することができて、深い自分の宿業を、軽くこういった形で受けていることができていると確信しています。

また、さらにもう一つは、もっと深いところで、こういったことを人々に話すことができる自分というものがいるのがすごいと思っています。とくに、自分と同じように病気で怖がってる人、怖れてる人、そういう人に自分の体験を語って、その悩みを軽減してあげられるのです。

これは、ある日突然わかったようなことではなく、日蓮大聖人の教えを通して、生命について学び、仏法を学び、またその教えを一生を通じて実践することによって、わかったことです。

社会自体はどの時代でも問題があるわけですから、でも大聖人はその当時、ゲイのことは知らなかったかもしれないし、ゲイのことを御書に一切書いていないかもしれないけれど、でも大聖人は一人の人に対して御書というのを書いていたわけじゃありません。また、二人や三人、いわんや日本人だけに書いていたわけではなく、大聖人は、御書はあらゆる人に対して宛てた御書ですから、あらゆる人という場合は、私たちも入るし、あなたも入るし、彼も入るしというわけですね。

ですから、本当にあの御書を読むと、またあの当時でさえ、まだ女性ですら平等でなかった時代でも、大聖人は、「女性も平等なんだよ」って言っているぐらいですし、ですからゲイだろうが、変な話が犯罪者であろうが、堕胎した人であろうが、あらゆる人でも真実が書かれているわけですから、それをどういうふうにこっちが読み取るかが問題です。ましてや、私たちみたいにそういうゲイやレズの社会に住んでいる人間というのは社会からいろんなフィルターをかけられています。

ですからこそ、世の中に対して真実とは何か、が、さらにはっきり見えるようになってくると思います。だから本当に、大聖人の御書を読むと真実が如実に浮き出てくるのです。

第2章　ＳＧＩ－ＵＳＡへの入信と回心過程

見知らぬ異国の仏教に出会ったときに、アメリカ人が、なぜそれを受け入れるのだろうか。そして、それを継続して信仰するのはなぜなのだろうか。

本章では、回心を一回的なものではなく、プロセスとみなして[1]、２００６年、０７年にロサンゼルスとニューヨークで実施したＳＧＩメンバーへのインタビュー調査をデータとして分析し[2]、この問いに答えることを試みる。そして、その際、宗教社会学における回心論の観点から整理し、アメリカ合衆国社会が持つ特色と、ＳＧＩが持つ組織としての力が個人に影響を与える様相を具体的に描こうとするものである。

1　折伏を受けやすい状態

ＳＧＩに出会ったときに、彼ら、彼女らは、折伏を受け入れやすい状況にあったのであろうか。スノウ（Snow 1993）は、このようなＳＧＩへの入会可能性にある状態を、環境的要因として三つあげている。

第一の要因は、家族や職業などの社会的つながりの面で弱い状態にある、逆に言えば、自分のライフスタイルを自分自身だけの問題として変革できる環境にある状態である。しかし、そのような環境が整っていても、本人に関心がなければ新たな宗教文化へ飛び込む可能性は薄い。決定要因とはならないが、第二の要因として、入信前に持っていた価値観やライフスタイルと入信する宗教集団の持つ思想に親和性があり、それが入信を促すこともある。三番目に、どのような人を通して新しい宗教に出会うか、ファースト・エンカウンターの問題も、入信・回心論では重要となる。

アメリカのSGIメンバーを調査したハモンドとマハチェク（2000）は、SGIのメンバーとのファースト・エンカウンターが、ストリート折伏のような面識のない人による場合もあるが、アメリカでの調査では、多くの回心者が家族や友人を通してSGIと出会っていたことを明らかにした。これは、イギリスのSGIの研究でも同様である（ウィルソン・ドベラーレ 1997）。また、このようなファースト・エンカウンターの形態は新宗教運動の多くで同様の調査結果が得られている（Inaba 2004a; Clarke ed. 1987）。

以上の点から、ハモンドとマハチェク（2000）は、入会の可能性がある人を次のように結論づけている。すなわち、折伏を受け入れやすい状態にある、東洋宗教に関心がある、メンバーの知り合いである人であった。

今回のインタビューでは、「東洋宗教に関心」があって入会する事例は見られなかった。まず、ファースト・エンカウンターとして、「メンバーの知り合いである」ケースを紹介し、ついで以前の信仰とその熱心さなどから「折伏を受け入れやすい状態」にあることを、今回のインタビューの中から見ていこう。

またその際に、ハモンドとマハチェク（2000）があげた入会の可能性に加えて、以前から指摘されている回心論で検討しなければならない視点は、人生における剥奪経験、状況が回心の契機にもなるという点である（Glock & Stark 1965）。さらに、新宗教運動の思想や世界観が、新宗教運動の持つ諸要素と会員の入信に対する理由づけに折り合いをつける場合もある（Beckford 1978）。また、ドウソン（Dawson 1990）が指摘するように、回心動機は一つではない場合もあり、複数が絡み合っている場合も多い。これらの点にも注意を払いながら、事例を検討していこう。

2 入会時の状況

ファースト・エンカウンター ―― SGIとの出会い

SGIに入会した人は、どのようにしてSGIを知ったのであろうか。新しい信仰との出会いは、新宗教運動の回心研究では、ファースト・エンカウンターとして論じられる。アメリカのSGIでは、1970年代、80年代にストリート折伏が熱心に行われた時期があった。しかし、実際に入会し、活動を継続しているメンバーは、ストリート折伏ではなく、すでに知っている人を通してSGIと出会っているケースがほとんどある[3]。

ハモンドとマハチェク（2000）の調査では、「友人を通して知った」が圧倒的に多く38％、家族を通してが14%、配偶者を通してが5%、職場の同僚を通してが13%であった。本聞き取り調査では、20人中、友人が12人（60%）と半数以上で、次に知人が4人（20%）、家族が3人（15%）、見知らぬ人が1人（5%）であった。やはり、見知らぬ他人ではなく、顔見知りによる出会いが多い。

本調査におけるインフォーマントの一人、エマさん[4]（LA）も、SGIとの出会いは顔見知りによってであった。彼女はベトナム難民として15歳のときにアメリカに入国した40代半ばの女性である。ロサンゼルスで日本人留学生である友人からSGIのことを聞いた。仏法のことを聞いたが、その内容は覚えていないという。当時、彼女は自分自身の短気で感情的で悲観的な性格をどうにかしたいと感じていた。

日本からの留学生はとても親切で、人間的に魅力があったという。エマさんはその友人に誘われて、座談会に参加し、「インフォーマルで、フレンドリーで、みんな親切」と感じた。やがて女子部のマリブ合唱団に参加し、2時間の勤行の後に練習するといったことを経験する。「長くて死にそうだった。でもその週はエネルギーが満ちていた。題目の威力」と語る。

悲観的な彼女の性格が変わるには、長い年月がかかったようだが、短気と悲観を克服するために唱題は不可欠であったという。エマさんの入信は身近な人を通してであり、題目による利益が魅力であった。

50代の幹部職員であるライアンさん（LA）も、やはり身近な人を通してSGIを知った。大学を卒業して社会人として働いていたときに、大学時代の友人からSGIの座談会に誘われて、友人関係を維持するために「一回行ってみようと思った」という。そのような気持ちで参加した座談会であったが、翌日、「すぐに生命の中で変化があった。精神的な、開発されていなかったところ、いままで触れていないところにある水がリフレッシュしたような質的な変化があり、勇気が出てきた」という。そのときには、日蓮のことも、池田会長[5]のことも、何も知らずに、ただ題目を唱えただけであった。そして、すぐにそれまでの不本意な仕事からよりよい仕事に転職ができるという功徳があった。

女優のシルビアさん（LA）は、SGIの二代目（福子：fortune baby）として生まれた。両親は、アメリカSGIのパイオニアで、父親が1964年に、母親が1972年に入会している。しかし、彼女は「ユダヤ人の家やキリスト教の家に生まれたからと言って、（それだけでは）信仰者ではない。（信仰は）実践をしなくてはいけない。朝晩、勤行をし、座談会に行き、仏法の勉強をしなければならない」と言う。二代目という立場を、たんなる受け身ではなく、自らが主体的に信心を受け継いだと捉えている。そして、両親は、そのように自ら求めるような環境を整えてくれたと彼女は語る。

デボラさん（NY）のケースは特殊である。身近な人ではなく、まったく見知らぬ人を通してSGIを知った。それは、1976年、17歳の彼女がニューヨーク大学にいた頃のことである。当時、彼女は母親と一緒に住んでいた。しかし、幸せではなかった。ユダヤ教の家庭で育ち、一生懸命にユダヤ教の教えに沿って実践をしようとしたが、ユダヤ教は彼女の生活の中で、そして人生の中で、何も変化をもたらさなかったし、満足のいくものではなかった。彼女は「自分は以前からスピリチュアルな人間。心の中で何かを探していた」と言う。

あるとき、電車の中で斜め前の席に座った女性が自分の方を向いてほほ笑んでいた。不思議に思い、そのほほ笑みのわけを聞くと、その女性は日蓮仏法の話をし、自分がいかに幸せになったかを話してくれた。彼女の「幸せになる」という言葉に興味を覚え、デボラさんは親友と一緒に座談会に参加した。初めての座談会で「南無妙法蓮華経とみんなが唱えている姿に怖くなった」と言う。しかし、「みんなが幸せそうに見えた。居心地は悪くなかった。日本人も、アメリカ人も、いろいろな人種がいた。それがよかった。みんな、とても親切だった」と最初の座談会の様子をデボラさんは回想する。

彼女は体験発表を聞いて、その変化に驚き、仏法の考え方、自分を変えられるという考え方に魅力を感じた。自分も変えたいという心が起こり、すぐに題目を唱え始めたのである。そして、すぐに功徳があった。今までずーっと凝り固まっていた重いものがとれた、解放されて軽くなったと感じた。

そして、「今では偶然とは思わないが、そのときはたとえば長い間会っていない人や、会いたいなと思う人に道端で急に出会うという偶然が、度重なった。それは宇宙のリズムのようなものと本当に合致しているので、あるべき事があるべきところで起こり、そこに、いるべきときにいたからなのだった」と言う。

デボラさんは、以前は笑ったことがなかったが、題目を唱え始めて笑えるようになった。また、家の経済状況が悪く、大学の学費を払えなかったが、唱題することによって奨学金を受けられるようになったり、離婚していた両親が復縁したりするなどさまざまな功徳があったという。

デボラさんは、ユダヤ教と日蓮仏法の違いを「ユダヤ教では、すべてはあなたの人生の外にある。常に神との契約。それに対して因果の法則は、良かれ悪しかれ、自分の行った行動が結果になるという、自分に責任を持って生きていけることが魅力的。ユダヤ教はとてもネガティブ。日蓮仏法はポジティブ。いかにしたら幸福になれるかを教えてくれる」と語る。

敬虔なユダヤ教徒の母親は、初めはデボラさんがSGIのメンバーとして活動をしていることに反対したが、彼女も今はSGIのメンバーである。

以前の信仰

前述のデボラさんは、見知らぬ人を通しての入信であり、特殊なケースであった。しかし、基本的には、新しい宗教、しかもアメリカ人にとっては異国・異文化のものである仏教を基盤としたSGIへの入会は、パーソナルな関係があって成り立っていた。

では、SGIに入会した信者は、それ以前にいかなる宗教を信仰していたのであろうか。デボラさんは、元ユダヤ教徒であった。ユダヤ教の中で育ち、一生懸命に実践しようとしたが、人生との関連を見つけ出すことができずにもがいていた。そしてSGIと出会い、入会した。

一方、強い信仰を持ち、その宗教団体の中で積極的な活動を継続している場合には、他の宗教への回心は起こりにくい。ハモンドとマハチェク（2000）の調査では、アメリカSGI入会前に他の宗教に熱心であった会員は2割のみであった。

本聞き取り調査では、アメリカSGI入会前の信仰として、20名中、キリスト教が11名（55%）、無信仰が3名（15%）、上座部仏教が1名（5%）、イスラムが1名（5%）、ユダヤ教が1名（5%）であったが、宗教的に熱心であったという人は2名（10%）だけであった。信仰のバックグラウンドがあっても、その信仰に対して疑問や不満があったり、積極的には活動していなかったりする場合が多い。ハモンドとマハチェク（2000）も指摘しているとおり、そのような状況、つまり、宗教的に新しいものを試す余地、自由度がある環境が、SGIへの入会の一つの条件としてあったといえる。

現在、医師であるキャサリンさん（LA）は、1972年、シカゴの大学で高校時代の友人から折伏を受けた。彼女はカトリックの高校に通っていた。優秀だったので飛び級もした。アフリカ系の彼女は、そのカトリックの学校でマリアやキリストの像が、すべてが白人ということに心が引っ掛かっていた。神をどうして白人を通してイメージしなければならないのかが疑問であった。

そして、カトリックの信仰ではしてはいけないという禁止事項が多く、次第に教会に行かなくなった。両親は教会に通ってはおらず、彼女は小さい頃、自分で求めて教会に行ったのであったが、十代半ばで行かなくなった。それから数年して、大学生のときにSGIと出会ったのである。もともと信仰の土台がありながら、それを失って数年間のブランクがあった。新しい信仰を試す時期であったとも考えられる。事実、キャサリンさんは「願いごとがかなうこと、世界平和、そして真実の哲学を求めていた」と言う。「題目をあげたら、望みはすべてかなう。世界平和も可能な信心」とSGIのメンバーである友人に言われ、彼女はすぐに題目を始めた。すぐには何も起きなかったが、楽しかったという。たくさんの友だちができたのも彼女の人生にとって大きかった。

その後、キャサリンさんはSGIのメンバーと結婚し、8ヵ月で離婚を経験する。それ以降、家庭訪問の看護の会社の仕事とSGIでの活動に熱心になる。離婚から3年後、彼女は「そろそろいい人とめぐり合いたい」と祈り、題目を唱えた。そして、結婚した相手はユダヤ人であった。彼もキャサリンさん同様、自分の信仰に満足できず、何かを探していた人であった。二人とも信仰のバックグラウンドがありながらその信仰で満たされず、やめるか、積極的には活動していなかったのである。一方で、何か宗教的なもの、意味を求めていたという点で、宗教的に新しいものを試す余地と自由度がある環境だったのである。

先に述べたように、強い信仰を持ち、そしてその宗教団体の中で積極的な活動をしている場合には、他の宗教への回心は起こりにくい。しかし宗教的に熱心ではなくとも、育った宗教的環境や伝統が新しい宗教に入っていくことへの躊躇、心の葛藤を生んでいるケースもある。

ビクトリアさん（LA）も、そのようなケースである。彼女の弟が左半身麻痺で入院していたとき、母親が友人から折伏された。当時、彼女の父親は麻薬患者、妹は家出を繰り返し、母親は病院の事務で働き、その日暮らしの生活で家庭に希望がなかった。彼女の両親はプエルトリコからの移民で、カトリックの信仰がバックグラウンドにあり、とくに熱心に信仰していたわけではないが、「仏教は悪魔のもの」と当時のビクトリアさんは思っていた。しかし、その母の友人はマクドナルドのハンバーガーを持って、毎日ビクトリアさんの家を訪問し、親身に接してくれた。その姿に彼女は感動し、唱題を始めたという。

ダンサーであるクララさん（NY）は、1994年、17歳のときにシカゴのトレーニングスタジオで女友だちから折伏された。もともとカトリックの信者であったクララさんは、座談会に参加して、唱題を「変なものだ」と感じた。神へ祈りを捧げるというカトリックの信仰が「先入観」として影響していたと彼女は振り返る。彼女は、熱心な女友だちにSGIの会館に誘われ、そこでダンスの活動に参加するようになり、「変なもの」と感じた唱題もしてみたが、SGIに入会はしなかった。

19歳のときにその女友だちと一緒にニューヨークへ引っ越し、そこでクララさんに信仰の上で転機が訪れる。ニューヨークに移り住んだクララさんは、とくに大きな不幸があったわけではなかったが、新しい環境で気落ちしていた。ところが、ルームメイトのその女友だちは朝夕に勤行をし、日ごとに「内側から変わる様子が見えた」とクララさんは語る。

イースター・サンデーの日、クララさんは別の友だちと教会にいったが、そこで「教会の人たちは、外に何かを求めている」と感じた。しかし、SGIの座談会では、「彼らが自分の中を見つめ、最高の可能性を引き出している」と感じた。教会を出てアパートに向かう途中、彼女は元気な気持ちになれなかった。「やはり、自分も題目をあげる必要がある」と思ったという。

このような気持ちになるまでに三年間かかった。心のどこかで新たな信心を彼女は求めていたが、家族のことが気になった。幼少時代、とくに両親が熱心なキリスト教徒だったわけではないが、彼女にはアメリカの中で文化としてキリスト教があった。そして、ポーランド人とアイルランド人の血が流れる彼女は自分自身をカトリック教徒として認識していたのである。そのような彼女のバックグラウンドが、キリスト教とは別の新たな信仰を求める上で、家族に対しても気兼ねを生じさせていたのである。

イースター・サンデーからアパートに戻ると、ルームメイトの母親がいた。彼女はメキシコ系アメリカ人でカトリック教徒であった。その母親の「家族が何を言おうと、あなたが仏教をしたかったら、したらいいじゃない」という言葉に「解放された」ように感じたクララさんはSGIに入会した。

ダレンさん（NY）は、サルサのダウンサーである。2000年に知り合いであるアルゼンチン人女性のダンサーから折伏された。ドミニカ人の彼はカトリック教徒であった。今回の聞き取り調査の中では珍しい、熱心なキリスト教徒であった。このようなケースの場合、ハモンドとマハチェク（2000）が指摘している宗教的に新しいものを試す余地や自由度がなく、ＳＧＩへの入会が困難になるはずである。

事実、ダレンさんは誘われてもなかなか踏み切れず、唱題するまでに二年半かかっている。「自分はカトリックで、神を信じていたので時間がかかった。罪の意識があった」と彼は回想する。しかし、そのアルゼンチン人女性の励ましと繰り返しの誘いに彼は唱題を始める。

当時ダレンさんは、移民としての問題、労働ビザの問題、経済問題、ダンス・パートナーの病気の問題など、多くの問題を抱えていた。「唱題を始めて五分で劇的に変わった。さまざまな問題を抱えていたので、非常にネガティブ、生命状態が最悪であったが、そこから幸せに、違う人間になったように感じた」と言う。それから唱題を続け、仏法を学ぶうちに次第にカトリックの信仰、罪の意識は消えていった。

「仏教は基本的にすべての宗教を包み込んでいる」、「人間性への感謝を仏教から感じる。ニューヨークの文化では人間への感謝がない。それが説かれている。それが素晴らしい。自分は傲慢だった。人に感謝することができなかった」、「ダンスでは、競争が激しい。相手に負けてしまわないかと思う。しかし仏教では、自分のベストになるように、あなたのベストになるように、個人の可能性を引き出す」とダレンさんは語る。

カトリックの熱心な信者であった彼は、さまざまな問題を抱えているときに繰り返し誘う知人に折伏され、唱題を始めた。そして、次第に以前の信仰を乗り越え、ＳＧＩの熱心なメンバーになったのである。このダレンさんのケースのように、問題を抱えていることが唱題を始めるきっかけになった場合は多い。次にそのようなケースを取り上げよう。

3 宗教的探求者と人生の危機

前述したように、宗教的に新しいものを試す余地や自由度がある環境が、ＳＧＩへの入会の一つの条件であった。しかし、それは条件とはなっても、新たな宗教を試す動機とはならない。また、熱心な信仰があり、宗教的に新しいものを試す余地や自由度がない場合でも、折伏されメンバーとなるケースがある。

人は自身が置かれた社会的、環境的な状況に影響されながらも一方で、個人としての経験に影響され、意味を探求し、行動を選択するという個人の側の要因にも焦点をあてるために、ロフランドとスターク（Lofland & Stark 1965）の入信過程のモデルに示された７つの要因を取り上げて、検討しよう。このロフランドとスタークの回心過程を詳細に分析した伊藤（1997）をもとに、まずロフランドとスタークの７つの要因のうち、４つを取り上げて、以下に検討する。

一番目の緊張（Tension）：持続的に極度の緊張の経験であるが、これは入信前の人生の一時期における激しい緊張状態の経験である。緊張状態を生み出す原因としては、従来、新宗教への入信動機として論じられてきた「貧、病、争」、つまり、経済的理由、病気、人間関係の問題だけでなく、特定の社会状況が個人に及ぼす緊張、たとえばエスニック・マイノリティの置かれた状況やベトナム戦争の影響、ヒッピーを生んだカウンター・カルチャーの激動の時代なども含まれる。そして、そのような問題から生じる緊張が高く、継続的である場合が入信の要件としてあげられている。ここでは、このような緊張が果たしてどれくらいの信者にあったのかを聞き取り調査から分析する。

二番目の条件、視角（Perspective）：出来事に宗教的な意味を認め、問題解決への道を宗教的な観点から探るには、上記のような緊張を抱えた人たちが、その緊張の原因となっている問題を超越的な存在や、宇宙の法則、先祖の因縁などに結びつけて解釈しようとすることである。このような問題への対処の姿勢が、ある宗教への入信に結びつく可能性を生じさせるのである。

第三の条件、求道（Seekership）：宗教的意味づけに基づく人生を歩む宗教的探求者は、自己が宗教的探求者となり、さまざまな宗教を渉り歩いたり、宗教書などを読みあさったりするといった具体的な行動を伴うということである。第二の条件の視角が認知のレベルであれば、第三の条件である求道はその認知の具現化としての具体的な行動である。[6]

第四の条件、転機（Turning point）：人生の転機は、入会する宗教と出会う時期としての条件である。入会する宗教と出会ったとき、人生の転機に直面しているということである。人生の転機とは、過去から継続していた行動パターン、生活パターンが途切れたり完結したりするなどして、新しい生活を送る状況が生じていることを意味する。病気、離婚、失業、転勤、引っ越し、学校への入学・卒業、親しい人の死、挫折などがあげられる。

以上の四つの条件が入信者にどのくらいの割合で見られるのかをインタビュー調査をもとに分析したのが表２－１である。表の中のＳＧＩは、本調査における聞き取り調査のデータであり、トリラト

表2-1　ロフランドとスターク 入信の過程「第１条件から第４条件」(%)

	SGI	トリラトナ仏教団	ジーザス・アーミー
1. 緊張	75	47	52
2. 視角	80	90	82
3. 求道	85	90	82
4. 転機	45	10	33

(SGI：20ケース、トリラトナ仏教団：30ケース、ジーザス・アーミー：30ケース)

ナ仏教団[7]とジーザス・アーミー[8]は、稲場（Inaba 2004b）によるイギリスにおける宗教団体のインタビュー調査のデータである。

表2−1から、SGIのメンバーの多くが入会前に、緊張状態を経験していることがわかる。SGIは他の2教団と比較して顕著である。後述するように「貧、病、争」などの問題が多く、入信後の唱題による御利益が信仰の魅力ともなっている。二番目、三番目の条件は、どの教団も高い割合で当てはまっている。しかし、四番目の条件、人生の転機に関しては、SGIの場合でも半数以下で、他の二教団では1割、3割と、当てはまらないケースが多いことがわかる。

以下、実際のSGIの信者のインタビューから、四つの条件と入信へ至る過程を見ることにしよう。

現在、会計士としてロサンゼルスで活躍しているジョアンナさん（LA）は、10歳のときに台湾からアメリカに家族で移り住んだ。母親が1968年に英語学校で折伏されたが、ジョアンナさんは1971年にカリフォルニア州立大学ロサンゼルス校（UCLA）に入学し、大学生時代に座談会に通うようになる。当時、彼女はボーイフレンドとの人間関係で問題を抱え、それで入会したという。ジョアンナさんは会計学を学んでいたが、ボーイフレンドとの付き合いで勉学をおろそかにし、単位を落とすところだった。

座談会に通い、唱題をあげ、そのボーイフレンドと別れることができた。彼女は、「問題が解決したのは初信の功徳。中退せずに優秀な成績で卒業できた」と入会当時を回想する。唱題により、「ポジティブなエネルギーを得て、焦点を合わせることができる」と語るジョアンナさんは、翌年に本尊を受持し、その後35年間、朝晩の勤行をかかさない規律正しい人生を送っている。

キャシーさん（LA）は、シカゴ出身の50代後半の女性である。１９６７年、ティーンエイジャーの彼女は、知人の紹介でSGIを知った。SGIの話を聞いて、三週間後には本尊を受持している。当時、彼女の家族は喧嘩が絶えず、父親が職を失い、経済的にも大変な時期であった。さらに兄がベトナム戦争に出征し、被弾して左目を失明、「家族にとって非常な苦しみで、人生の目的を模索していた。苦しみばかりが多かった」時期であった。彼女は、「家族を助けたかったが、どうしたらよいのかわからず、何もできない無力感」を感じていたという。カウンター・カルチャーという激動の時代にあって、彼女は、まさに前述のロフランドとスターク（Lofland & Stark 1965）が示した状態（緊張、視角、求道）にあった。

SGIを知った初めの頃は、「よく分からなかったが、真剣に題目をあげてみると、自分は大丈夫。希望、確信、未来に向かって前向きなものが育ってきた」と言う。キャシーさんは、題目の意味もわからなかったが、題目を唱える音声に力強さを感じた。SGIの信心を始めた彼女は、両親に頭からSGIのことを反対され、本尊を隠し、そして座談会に参加していた。しかし、三ヵ月後、両親は本尊を祀ることを許可した。「自分の生命状態が幸せに、明るくなってきて、その生命状態で家族に接したのがよかったのだと思う」と、彼女は当時の自分の変化を語っている。

高校の校長であるケビンさん（LA）は、いわゆるベビー・ブーマー世代である。1946年に生まれ、67年、カリフォルニア、サンタナにいた21歳のときにSGIに入会した。キャシーさんが入会したのと同じ年である。「ベトナム戦争で大変な時代。私自身も失望していた時代。当時、肯定的な生き方を探していた」とケビンさんは語る。そして、彼はSGIの座談会に参加して、「非常に励まされ、あたたかい人々、その真剣さ」に心打たれた。「人生を深め世界を肯定的にするもの、いろいろなものを試した。しかし、得られなかった。それを人々の中に発見した。題目を初めて唱えたとき、生命力が出てきた。自分自身のアイデンティティに自信が出てきた。深いもの、覚醒があった。自然に喜びがわきあがり、新しい旅が今から始まると感じた」とヒッピーであった当時をケビンさんは回想する。

SGIに入会してすぐに彼は折伏をする。ルームメイトが彼の変化に気がつき、何をしているのか聞いてきた。「私の生命力、態度で、感じさせたのかもしれない」と彼は言う。そして、カウンター・カルチャーの時代の証言者であるケビンさんは、「60年代末、若者は何かを探していた。冷戦の時代、失望の時代。何かオルターナティブなものを求めていた。ヒッピー文化の一部で、逃避したグループ。大多数の人が何かを模索していた時代」だと語った。

1977年にケビンさんは妻と知り合う。彼女も何かを探していたという。座談会に誘うと、熱心に活動をはじめ、折伏もし始めた。

ニューヨークのSGIの幹部職員であるモニカさん（NY）も、カウンター・カルチャー、ヒッピーの時代、1973年にSGIに入会した。学力優秀で、飛び級進学をして16歳のときに大学に入学した。公民権運動や女性解放運動の時代に育ち、彼女自身も労働組合の運動に参加した。しかし、友人を失うなど失意の境涯にあったとき、親友にSGIの座談会に誘われた。座談会に参加して、「集まっている人たちは変な人たち。失業者の集まり。ヒッピーの集まり」と思ったが、「自分が傷ついたり、人を傷つけたりするのは嫌だ」と失意にあった彼女は、戸田城聖第二代会長の言葉に惹かれた。「平等を伝えている。題目で社会を変えていけるならやる。御本尊を受け取って、（失業者やヒッピーの多い）座談会にはいかないぞ」と思い、毎日三時間、題目をあげたという。

レイチェルさん（NY）もカウンター・カルチャーの時代、1969年に、20歳でSGIに入会する。しかし、時代的な影響を受けて失望があったり、人生の危機にあったり、生きる意味を探していたりしたわけではない。当時、彼女はプロのダンサーを目指していた。そして、ダンサーの男性に折伏された。ダンサー仲間での折伏が多かったという。

熱心ではないが、キリスト教徒であった彼女は、ダンサーになるためにはキリスト教が足かせになるように感じていた。ニューヨーク州西部の人口30万人ほどの都市に生まれ育ち、1968年にニューヨークに出てきた彼女は「ニューヨークの街で、まあまあ神を信じていた。ダンサーは利己的、自己中心的でないとうまくいかない。キリスト教徒は利他的。その齟齬を感じていた」と言う。

レイチェルさんは、「ダンスがうまくなる」と男性のダンサーに折伏され、「技術的によくなるなら、いいんじゃないか」と思いSGIに入会した。実際に、「題目でエネルギーを得て、自信が出て、自分を見せることができるようになった」という功徳があった。そして、初めて参加した座談会の印象を「みんなが幸せそう。あたたかく迎えてくれた。ダンスの世界は競争が激しいから、そんな世界は見たことがなかった」とレイチェルさんは語った。題目による御利益・実証と会員のあたたかさが、彼女が信仰を続ける原動力となったのである。

SGIに入信したメンバーの多くが、入会前に「貧、病、争」などの問題に直面していた。ヒッピー、カウンター・カルチャーの時代にあって若く優秀で、何かを探し求めている人生の転機にSGIに出会った人も半数近い。そのような条件下で入信した彼らは、問題解決に至る方途として題目をみいだし、そして唱題の利益・実証に魅力を感じて信仰を継続し始めたことがうかがえる。

パットさん（LA）は、イランから1976年、16歳のときに単身でアメリカに渡ってきた。親戚が二人すでにアメリカに移民していて、その親戚からさまざまなサポートを受けることができ、生活の上でもとくに困難があったわけではないが、「精神性豊かな生活を求めていた。人生や人生観を変えたい、希望や夢を求めていた」と言う。イランに残った父母はムスリムであり、パットさんも幼い頃はイランにいたので影響は受けていたが、とくに熱心なムスリムではなかった。イスラムの信仰は、彼に「夢、希望をもたらさなかった」と言う。

高校を卒業し、ルームメイトを見つけて暮らし始めたとき、高校時代の同級生から折伏された。その彼は、かつては人間味に少し欠けるように見えたが、高校卒業の頃には、友情にあふれるように見えた。パットさんは、その同級生が仏教の影響で変化をしたように感じ取り、入信することにした。パットさんはペンテコステなど、さまざまな宗教の集会に参加していたが、SGIの座談会の雰囲気は違うと感じた。「座談会に参加して、エネルギーを感じられた。SGIのメンバー、集う人々の目の輝き、元気さ、希望が感じられた」と言う。

唱題を始めると、効力を感じ、前の晩には翌朝の唱題が楽しみになった。そして、パースペクティブが変わった。「イラン人は、運命は神が決めるものと思っている。しかし、仏法は自らが決めていく」とイスラムの教えとSGIの思想の違いについて触れ、「いかなる問題があっても、唱題して、環境を整理し、立ち向かえる、対処できるという確信がわいてくる」と語った。その後、参加できる会合、座談会にはすべて参加するようになった。そして、現在に至るまで、彼は100人ほどを折伏している。そのうち、現在でもメンバーである人はLA周辺では4人、他の場所にも数名いる。

インド人のサリーさん（LA）は、ヒッピーやカウンター・カルチャーとは直接関係なく、人生の転機にSGIに出会った事例である。彼女はインドで医師の資格を取り、インド人と結婚し、その夫の博士号学位取得のため、1985年にインドからアメリカ合衆国、テキサス州南東部にある港湾都市ヒューストンに渡った。弁護士の父親は無神論者で、母親はヒンズー教徒であったが、父親と結婚して無神論者になり、サリーさんが育った環境には宗教的雰囲気はとくになかった。しかし、アメリカに渡ってからは、さまざまな仏教を探し求め、禅の瞑想などを勉強した。特定の信仰を持ったわけではないが、生きる指針となる道を求めていたのである。

サリーさんは、1994年には父親の死去という悲しみに遭遇する。96年に夫婦でヒューストンからロサンゼルスに移り住む。翌97年に新しいアパートに引っ越して、その2軒隣の人に折伏された。当時、彼女は悩みを抱え、信仰を求めていた。離婚を考えている最中であった。彼女は、「結婚したときにはまさか離婚で終わるとは思っていなかったので本当に不幸だった」と語る。サリーさんは自分に欠点があるのではないかと思っていた。自分への評価が下がり、また、他人を非難したりしていた。「フラストレーションがたまり、希望がなかった」ときSGIに出会ったのである。隣人の家にあがると仏壇があり、隣人はその仏壇の中の本尊を見せ、唱題をサリーさんに教えた。

サリーさんは座談会に誘われ、その座談会で初めて唱題をした。そのときのことを「最初に私は幸福になるんだと決意し、希望がわいてきた」と回想する。それが彼女にとっての初信の功徳であった。「信仰によって離婚は不幸ではないと思うようになった。離婚は不幸ではなく、人生について知り、より良くする機会の一つ。試練も機会と捉えられる力を引き出せるようになった」と語る。

信仰を始めた後に生じた出来事、御利益、実証を主として唱題の力によるものという宗教的な意味づけ、解釈が行われ、それによってさらに唱題、勤行を続け、また集会や組織の活動に参加したり、池田会長の著作や対談集、またさらに御書を読むなどの実践、宗教的な行動が続けられるのである。

そこでとくに重要なのは、それらの実践の中で、世界観やものの見方が180度転換していくことである。それはパットさんにも見られる「イラン人は、運命は神が決めるものと思っている。しかし、仏法は自らが決めていく」という言明のように、SGI以前の信仰を持っていた人が仏法を始め、以前の信仰に対する見方の変化に典型的に現れる。そして、それは唱題や勤行の御利益による変化よりもさらに進んだもののように思われる。

さらに「いかなる問題があっても、唱題して、環境を整理し、立ち向かえる、対処できるという確信がわいてくる」という、強く自己肯定的な生き方に向かう。サリーさんのケースになれば、「信仰によって離婚は不幸ではないと思うようになった。」と言う。普通はどう考えても不幸であるはずの離婚が、決して不幸ではないという見方に変換するのである。

それどころか一歩進んで、「離婚は不幸ではなく、人生について知り、より良くする機会の一つ。試練も機会と捉えられる力を引き出せるようになった」というように世界観が宗教的に意味づけられ、さらに世俗の出来事に対する解釈にも敷衍され180度転換していく。本稿では、この転換を「入信あるいは信仰の過程における解釈の転換」、すなわち「転」と名づけよう。

「転」は、ロフランドとスタークモデルの入会前の視角には包含できない意義を持っている。それはこの「転」が、信仰継続の非常に大きな要因の一つであるからである。むしろ、「転」は、ロフランドとスタークモデルの五番目以降に関連が深いともいえる。

4　信仰の魅力と継続性

入信の条件として、ロフランドとスターク（Lofland & Stark 1965）が示した四つの条件を見てきた。カウンター・カルチャーの時代における極度の精神的なストレス、アメリカの伝統的な価値観への不信、充足感の欠如、リスク社会での自らの人生に対する不安など、さまざまな要因があった。

これらはＳＧＩに入信した彼ら／彼女らだけが持っていたものではないだろう。アメリカの社会科学者たち（たとえば、Wuthnow 2004; Bellah et al. 1991）が指摘しているように、それらは、カウンター・カルチャーの時代、そして、その後のアメリカ社会に住む多くの人が漠然と抱き続けてきたものである。

では、なぜSGIに入会し、信仰を継続する人と、退会（退転）する人と、またSGIに出会ったにもかかわらず入会しない人の三様が生じるのだろうか。上記のようなストレスの経験などに加え、「転」による新たな世界観を身につけるか否かによって、分岐が生じると考えることができそうである。「転」を生むのは、現世利益とそれを肯定する宗教的思想が土台として存在し、さらにそれを深化させ、「転」へ押し出していくのは、人間関係が希薄化する現代社会にあって、親近感あふれる緊密な人間関係を求める心性と、それを提供する「励ましの共同体」としてのSGIの特性であるだろう。

ここでは、まず、情緒的つながりを論じたロフランドとスターク（Lofland & Stark 1965）の回心モデルにおける五番目、六番目、七番目の条件を見ることにする。再びロフランドとスタークのモデルを詳細に分析した伊藤（1997）をもとに、三つの条件を検討し、その後に「転」について論じよう。

五番目の条件、信者との感情的つながりの形成（Affective bond）であるが、これは、入信する者と信者の間に積極的な人間関係が形成されることを意味する。初めてその団体を訪れた人をあたたかく歓迎し、そして、親切に新しい宗教へ導く。入信する者と信者の間にすでに何らかのつながりがある場合もあれば、新たにその関係が形成される場合もある。

六番目の条件、その宗教以外との関係が弱まることである（Weak extra-cult attachments）。これは、入会者が信者との友好関係の発達に伴って社会一般の人々とのつながりが弱まっていくことである。

七番目の条件、信者との密度の濃い関係（Intensive interaction）は、具体的に、日々、他の信者と集中的に交流することである。このような密度の高い交流なくして、真の入信は不可能であるとロフランドとスタークは論じている。さまざまな宗教行事への参加、集会、共同生活、徹底的な修行、奉

表2-2　ロフランドとスターク 入信の過程「第５条件から第７条件」（%）

	SGI	トリラトナ仏教団	ジーザス・アーミー
5. 感情的つながり	75	77	96
6. その宗教以外との関係の弱化	15	63	89
7. 信者との密度の濃い関係	100	80	93

（SGI：20ケース、トリラトナ仏教団：30ケース、ジーザス・アーミー：30ケース）

仕活動の実践などが具体的な交流の場である。

これらは入信した信者が、脱会することなく、その信仰を継続するプロセスとして提示されている。

以上の三つの条件が入信者にどのくらいの割合で見られるか、インタビュー調査をもとに分析したのが表２－２である。ここでも、稲場（Inaba 2004b）のイギリスでの教団調査の結果を併せて提示する。

表２－２から、五番目の信者との感情的つながりの形成と七番目の条件、信者との密度の濃い関係は、三つの教団とも高い率で当てはまることがわかる。しかし、六番目の条件、その宗教以外との関係が弱まるは、共同生活をするトリラトナ仏教団とジーザス・アーミーには当てはまるが、ＳＧＩではほとんど当てはまらないことをデータが示している。アメリカＳＧＩを対象とした35年ほど前の研究でも、第六番目の条件は当てはまらなかった（Snow & Phillips 1980）。

この要因としては、第一に、トリラトナ仏教団やジーザス・アーミーとは異なり、ＳＧＩはコミュニティハウスを購入して共同生活を営むといったライフスタイルがないこと、第二に、ＳＧＩが、ジーザス・アーミーのように現世否定的な宗教ではなく、現世における生活と成功を重視していることが考えられる。

次に、SGIの魅力、信仰を継続している理由を信者へのインタビューから見ることにしよう。

現在、ニューヨークでダンス・グループのマーケティングとPRの仕事をしているサンドラさん（NY）は、1981年、ダンサーの友だちに誘われて座談会に参加するようになった。ブルックリンで参加した初めての座談会は、「幸せそうな人、アフリカ人、カリビアン系が多く、家に帰ったように心地よく、おだやかな気持ち」になった。当時、23歳であったが結婚していたので、婦人部に入り、そこで司会をしたり、体験発表をしたり、メンバーとの交流を楽しみ、幸せを感じたという。サンドラさんにとっても、会員とのつながり、交流が大切であった。

新しい宗教集団に入信し、そこで社会化がなされることでメンバーとしてのアイデンティティを信者は獲得する。社会化とは、個人が社会や集団に容認された行動形態、言葉、ものの考え方、感情の表し方などの規範を他の人との相互作用を通して習得することを意味するが、とくに新しい宗教、しかもアメリカ人にとっては異国・異文化のものである仏教を基盤としたSGIへの入信後の社会化は大きな課題となる。ここに信者との密度の濃い交流、信者のあたたかいサポートと導きの重要性が浮き彫りになる。

先の50代後半の女性、キャシーさん（LA）は入信後、ドリルチームに入り、多くの青年部の行事に参加した。青年部時代に合計7回、登山をしている。とくに、初めての登山は17歳のときで、「日本の男子部、女子部が『ごくろうさま』とあたたかく迎えてくれて、すべてが感動であった」と回想する。

池田に対しては、「池田先生と直接に話をしたわけではないが、書物から先生のイメージを築いていた。先生の哲学に感動したので、メンター（師匠）と思った。信心していても悩みも多く、落ち込むことも多いが、先生の言葉に激励された」と語る。

入信からのプロセスは、ロフランドとスターク（Lofland & Stark 1965）が示した信者との感情的つながりの形成、その宗教以外との関係が弱まる、信者との密度の濃い関係を経て、信仰心が深まっていく行程をたどっているだろう。本人いわく「ＳＧＩの活動に１００％」賭けていった。

キャシーさんは、１９８１年にＳＧＩメンバーと結婚し、その後、１９８４年から妊娠するまでの６年間、本部職員としてＳＧＩで働いた。子供が生まれてからは、５年間、婦人部で地区担当として活動し、ヤングミセスのグループ責任者にもなった。５年前からは、支部の副婦人部長として活動をしている。折伏も「数百人」しているという。

キャシーさんのケースには、まさにロフランドとスタークの五番目、信者との感情的つながりの形成と七番目の条件、信者との密度の濃い関係が強く表れている。

ＳＧＩのメンバーはなぜ信仰を続けているのであろうか。

シカゴからニューヨークに移り住んでＳＧＩに入会した前述のクララさん（ＮＹ）は、題目をあげることによって、お金がないとき、歯の治療を無料にしてもらう機会を得ることができ、また住居の問題が解決し、良い仕事が入ったといった功徳を語っている。

クララさんだけでなく、すでに見てきたように、唱題による利益・実証をＳＧＩの魅力として語る信者は多い。ＳＧＩの活動、唱題によってもたらされたとメンバーたちが信じる御利益、問題解決、人生での成功がＳＧＩにおける「人間革命」の証しなのである。ハモンドとマハチェク（2000）によると、アメリカSGIは、個人の成功を個人の生命の中で起こった「人間革命」の顕現と解釈することによって、個人的欲求の満足に宗教的意義と道徳的是認を与えると分析している。

イギリスのSGIメンバーを調査したウィルソンとドベラーレ（1997）は、SGIの理念と活動が、救済のために要求される禁欲的倫理の拒否、楽しみを追求することへの肯定、罪の意識の拒否と個人の自律と責任意識の必要性、といった新たな価値規範を提供し、今日の若者の性向の多くに正当性を与えていると結論している。

ほとんどのSGIメンバーが、特定の目標を持って唱題を行っており、心理的健康、身体的健康、富や幸運に関する問題、難局を乗り越える能力など、現世におけるさまざまな功徳が得られたと語っている。そして、題目に加えて、池田の魅力をあげるメンバーも多い。

イランから若くしてアメリカに移民し、イラン、アメリカ間の関係を憂慮するパットさん（LA）は、「池田先生は、世界のさまざまな問題に関して、基礎に正義を置くことが大事という。政治、政府に人が尽くすのではなく、政治、政府が人を幸せにするものである。池田先生以上に、何が公平で、物事はどうあるべきかを判断される人はいない」と語る。また、池田会長の平和提言についても、「社会的、政治的な分析がなされていて、時代の要諦を押さえている。時代にあった示唆をする」と評価している。

題目とともに、組織としての力を指摘しておきたい。唱題による現世的利益に加えて、SGIの世俗での成功を肯定する価値観、歴代会長の公正で平等な思想、平和思想を身につける。これらも世界観の変化の一種であるが、どちらかというと、もともとの世界観に新たなプラスの側面が付加された変化である。

しかしながら、あるとき「転」が生じる。180度異なる視点が生まれ、それによって今まで感じなかった幸せを感じることができれば、新たな世界観が生み出される。さらにSGIメンバー同士のつながりがある。情緒的なあたたかさに加え、メンバーとのつながりが平和や他者のケアに向かう生活態度を生み出すのである。この点に信者が信仰を継続する理由が存しているだろう。

キャシーさん（LA）は、「人間だから、私も疑いが出るときもあった。信心を貫き通してきたので、だんだん深くなっている。深くなったり、浅くなったりしながら、だんだん深くなる。題目を唱えたり、先生の指導を受けるのも大事だが、人間と触れ合って、交流して、信仰の大切さがわかる。疑いもそのようにして乗り越えてきた。一人では信仰できない」と、メンバーとのつながりの重要性を語る。

会計士としてロサンゼルスで活躍しているジョアンナさん（LA）は、地区の副婦人部長として、2005年から若い人たちや婦人たちに題目の御利益を説いている。「若い人は、職業、教育、人間関係を求めている場合が多い。そこで、このうちどれでもいいから、一つ実現できるかどうか試してみることを勧める」と言う。まず明確な目的を持って題目をあげることを教える。彼女は、「題目によってエネルギーが肯定的になり、行動につながる」と語る。また、「婦人部では、結婚生活、経済状況、病気が関心事だが、ここでも、題目をあげて自分を見つめることを勧める」と言う。

SGIの信者同士のつながりをもう少しほり下げてみてみよう。

ニューヨークのブルックリンで、コミュニティのために働くアフリカ系の女性医師であるアマンダさん（NY）は、医学部に通っていたが、勉強についていけず退学。「人生の意味を求めていた」1983年にSGIに入会する。親元を離れて、新しい自分の家族となるものを求めていた彼女は、SGIの地区で、家族の一員であると感じることができた。「自分の問題にストレートに向き合える。本当の自分になることができた」と言う。そして、SGIのメンバーと交流を深めることによって、人々をケアすることを学んだという。SGIの活動に熱心になり、女子部、白蓮グループ[9]のリーダーになり、人をケアする能力を向上させることができたという。アマンダさんにとって、SGIの会員同士のつながりは家族のように感じられ、ケアしあうことが重要性を持ったのである。

SGIは、男子部、女子部、壮年部、婦人部の四者の組織があり、それぞれに役職がある。すなわち役職の数が多く、入会後、比較的早期に地区あるいはその下位のグループの役職に就くことになる。さらに信仰を続けることによって支部や本部のリーダーとなっていく。リーダーとなることによって、自分の信仰を深めることとともに、他のメンバーのケアをすることが重要な役割となる。では、他のメンバーをケアすることにどのような意味や社会学的機能があるのであろうか。

自分自身に困難があり、そこから脱出、御利益を求めることは、利己的な行為であるが、次の段階で、他のメンバーが苦難から脱出すること、そして、さらなる幸せを願い、唱題すること、またケアをすることは、利他的な行為である。現世利益から利他的な行為や祈りへの転換を信仰の深まりと考え、そこにどのような仕組みと特徴が見られるかを論じたのが西山茂（2012）の論考である。

西山は、現世利益から利他、すなわち「他者や社会の幸福のため（そして究極的には超越的存在のため）の献身を志向する」信者への変換の事例として、創価学会における「自利利他連結転換装置」

を指摘している。それは、唱題勤行、折伏弘教、座談会やその他の集会への出席、御書講義を受けること、聖教新聞の拡張、選挙活動に励むこと、民音（民主音楽協会）のコンサートに出席することなどをあげている。

西山の行論は、組織としての装置に力点があるが、信者の内面の回心の観点から、組織のリーダーとなり、他のメンバーのケアをすることを「自利利他連結転換装置」の一つの要素としてつけ加えたい。困難に直面したとき、人はしばしば自分の御利益を願う。これは「自利」の段階である。入会当初は唱題によって「自利」が得られ、唱題や教えの意味を探求する。たとえば、唱題によってエネルギーが満ちてくる、題目は威力がある、などと思うようになる。そこには、初めて座談会などに参加したとき、唱題を変なものと感じたとか、南無妙法蓮華経とみんなが唱えている姿に怖くなったという第一印象から、明らかに考え方に変化が見られる。

その小さな変化は、さらに活動を実践することで実証の意味——すなわちこれまでの出来事の意味が転換していく。これを「自利の転」と呼ぼう。第1章2節でワールド・トリビューンから引用した体験談「本当の私になる」において、「この苦しみは、実は苦しみではなく賜物であり、私が自分の人生を本当に理解できる機会なのだ」と捉える視点の転換が、典型的な事例である。

社会学において人間の自己形成は、社会化という概念で、理論化されている。人間が一人前の社会の一員となる過程で、さまざまな人との相互作用を経て成長していく。子供は、母親、父親などとのやりとりを通じて、すなわち、叱られ、しつけられることによって、社会の一員にふさわしい一定の価値や規範や行動などを身につけていく。ままごとは、親の役割を演じる重要な遊びである。その後悪いことをすると、怒るのは両親だけでなく、周りの大人はみんな怒ることを学ぶ。ウルトラマンごっこや仮面ライダーごっこは、善悪、正義を知る遊びである。

さらに成長して大人になるまでの間に、学校や友だち関係の中で、あるいはその後の職場において、友だちや先生などとの相互作用によって、社会にふさわしい一員となっていく。この段階で、抽象的なルールを学び、ゲームやスポーツで遊ぶことができるようになる。この社会に適応していく過程が社会化であり、その際に重要な役割を果たす、両親などを重要な他者、それ以外を一般化された他者と呼ぶ。

この社会化の理論になぞらえると、「自利」の段階から、家族や自分の周りの親密な人が病気になったときなどにその回復を願うこともわかりやすい。この御利益を得る体験を「重要な他者の利」としよう。

ロフランドとスタークのモデルの5番目の条件、「信者との感情的なつながりの形成」は、「自利」から「重要な他者の利」、そして「自利の転」を支えるために重要な要因であろう。そして、七番目の条件「信者との密度の濃い関係」が、SGIの場合、リーダーとしての他のメンバーのケアを必然のものとし、それによって「自利」や「重要な他者の利」が「一般化された他者の利」へ転換する。すなわち利他が引き出される。この転換を（自利、重要な他者から）「一般化された他者への転」と呼ぼう。

SGIの活動の中で、組織の役職に就き、メンバーのケアをし、メンバーの幸福を願うことになる。リーダーとなることで、いろいろなバックグラウンドの人を受け入れることができるようになる、あるいは受け入れざるをえない。アマンダさんの例だけでなく、第1章1節で紹介したローラさんは、おそらくは以前であれば話すことも拒絶していたであろう酔っぱらいのおじいさんやその友人の性転換したい人なども受け入れるようになった。御本尊があることで、ハウスキーパーの人もガチガチのリパブリカンの人とも一緒に題目をあげ、お互いに思いやりを持って、お互いの家庭の幸せを祈り、3人一緒に幸せになろうと祈ることができるようになったのであった。

アフリカ系アメリカ人のデリックさんは、異なるエスニシティの人たちと一緒に作業をすることで、「みんな同じなんだ、人間として共通なんだ」とわかり、「怖れとか、苦しみとか、幸せとかは、みんな同じように感じるんだ」ということを学んだのである。さらに第1章2節でHIVポジティブだと診断されたピーターさんは、そのことをメンバーに話すことで、「自分と同じように病気とかで怖がっている人、怖れている人、そういう人に自分の体験を語って、またその悩みを軽減してあげられる」という利他性を身につけたのである。ここに見られるのが「一般化された他者への転[10]」である。

5 御利益から大乗利他への転換

本節では、アメリカSGIメンバーの回心過程を、環境的要因、個人の能動的要因、組織のメンバーとの相互作用の要因の三つの要因に注意を払いながら分析するとともに、アメリカ人にとってSGIの何が魅力であるのか、そして、信仰継続の理由を考察してきた。

SGIへ入会し、信者として活動を継続しているメンバーの入信は、パーソナルな関係があって成り立っていた。彼ら、彼女らは、すでに知っている人を通してSGIと出会ったのである。そして、彼ら、彼女らがSGIと出会ったとき、宗教的に熱心であった人は1割と少ない。また信仰のバックグラウンドがあっても、その信仰に対して疑問や不満があったり、積極的には活動していなかったりする場合が多かった。このような宗教的に新しいものを試す余地や自由度がある環境が、SGIへの入会の一つの条件であったといえる。しかし、それは一つの前提条件とはなっても、新たな宗教を試すことには必ずしもつながらない。

そこで入信の条件として、ロフランドとスタークが示した四つの条件を検討した。持続的に極度の緊張を経験し、出来事に宗教的な意味を認め、問題解決への道を宗教的な観点から探り、宗教的意味づけに基づいて人生を歩む宗教的探求者となるという条件が、SGIのメンバーにも当てはまった。入信したメンバーの多くが、入会前に、「貧、病、争」などの問題に直面しており、人生の転機にSGIに出会った人も半数近い。そのような条件下で入信した彼らは、問題解決に至る方途として題目を見出し、そして唱題の御利益、実証に魅力を感じて信仰を継続したことがうかがえた。

また、キリスト教的世界観、罪の意識とは正反対のSGIの人間革命という思想に惹きつけられている。アメリカ人にとっては異国・異文化のものである仏教を基盤としたSGIの独特の思想や世界観こそが、カウンター・カルチャー時代における極度の精神的なストレス、アメリカの伝統的な価値観への不信、充足感の欠如、リスク社会での自らの人生に対する不安を抱える彼ら、彼女らの心に響いたのである。

入信した信者が、脱会することなく、信仰を継続する条件としてロフランドとスタークの回心モデルでは三点あげられていたが（Lofland & Stark 1965）、信者同士の感情的つながりの形成と信者同士の密度の濃い関係は、アメリカSGIにも当てはまった。入信者は、SGIメンバーの中で密度の濃い交流をしている。そこでの感情的つながりが、入信者が信仰を継続する上で重要であった。人間関係が希薄化する現代社会にあって、あたたかな人間関係を求める心性とそれを提供するSGIの親和性が見いだせる。

一方で、入会後にSGI以外の人との関係が弱まることはあまり見られなかった。この要因としては、第一にSGIは共同生活を営むといったライフスタイルがないこと、第二にSGIが現世における生活と成功を重視していることが考えられるだろう。

多くのSGIメンバーが、特定の目標を持って唱題を行っており、心理的健康、身体的健康、富や幸運に関する問題、難局を乗り越える能力など、現世におけるさまざまな功徳が得られたと語っている。このような自分に対する御利益、すなわち「自利」は、入会当初に限られるわけではなく、信仰を続ける間、ずっと続く重要な要因である。アメリカ競争社会での人間関係、上昇志向のアメリカ文化にあって、現世における御利益は、SGIの活動を通しての「人間革命」の証しであると肯定的に解釈されている。

そして「自利」は、組織内で活動している間に「自利の転」を生じる点が重要である。自分のこれまでの経験に新たな意味を見いだすことは、自分の不幸にすら肯定的な意味を見いだすことに結びつく。

アメリカ合衆国という競争社会において、無限に上昇し続けることは大多数の人々にとっておそらく不可能である。激しい競争があれば、必ずおびただしい敗者も生じる。ほとんどの人は勝ち続けられないだろう。

「自利の転」は、競争の激しいアメリカ社会の中で信仰を継続させる要因の一つであり、信仰の深まりという個人のレベルでの入信過程の中から導き出される要因である。また次に「自利」は、「重要な他者の利」へ、さらに「一般化された他者の利」へと転換される可能性を秘めている。

この「一般化された他者の利」への「転」は、ロフランドとスタークの入信過程論の「信者との密度の濃い関係」がもたらす、個人の内面的な変化における「転」である。組織の活動に参加すること、すなわち四者での活動、コンベンションなどの活動、あるいはさまざまな文化活動などが「自利利他転換装置」として働くプロセスを包含しているのである。

唱題による現世利益、世俗での成功を肯定する価値観が、アメリカ人をSGIへと導く。そして、現世否定的なユダヤ＝キリスト教の伝統の中で際立つ、自分の運命を自分で変えられるという「一生成仏」の思想、さらには、エスニシティにおいても、ジェンダーにおいても、日本とはかなり状況の異なる異質性や不平等が色濃い社会において、公正・平等・共存の思想などが、アメリカ合衆国においてSGIメンバーに信仰継続を促す理由であると考えられるだろう。

加えて、競争的なアメリカ合衆国社会にあって、「自利の転」を導き、「自利」から「一般化された他者の利」への「転」を導く組織共同体としての活動を継続し、また本研究で紹介した回心物語に見られるように、豊富な「転」の体験談を蓄えてきたSGI-USAは、半世紀以上にわたってアメリカの人々の心をつかみ、その地に根付き、着実にメンバーを増やしてきたのである。

次章では、SGI-USAのメンバー増加の過程における組織の変遷をみていこう。

第3章　組織のアメリカ化

序章で紹介したように、ＳＧＩ‐ＵＳＡは、１９６０年の池田の初のハワイ訪問によって、海外での展開が本格的に始まった。少数の日本人を中心に始まったＳＧＩ‐ＵＳＡは、五十有余年を経て、アメリカ人を中心とする組織へと大きく変わっていった。

本章では1節、２節で、その組織編成全体の変遷を追い[1]、３節では組織構成の基本となるタテ線組織がいわゆるヨコ線組織に再編成された理由を探る。

１　１９６０年代からの組織の発展

１９６０年の池田の海外初訪問によって、ハワイ、サンフランシスコ、ネバダ、シアトル、シカゴ、ケンタッキー、ニューヨーク、ワシントンに八つの「地区（district）」が結成された。そして、ロサンゼルスとブラジルに「支部（chapter）」が置かれ、また、これらを統括するアメリカ総支部（general chapter）も設定された（図３‐１参照）。アメリカ総支部は、もちろん海外初の総支部であ

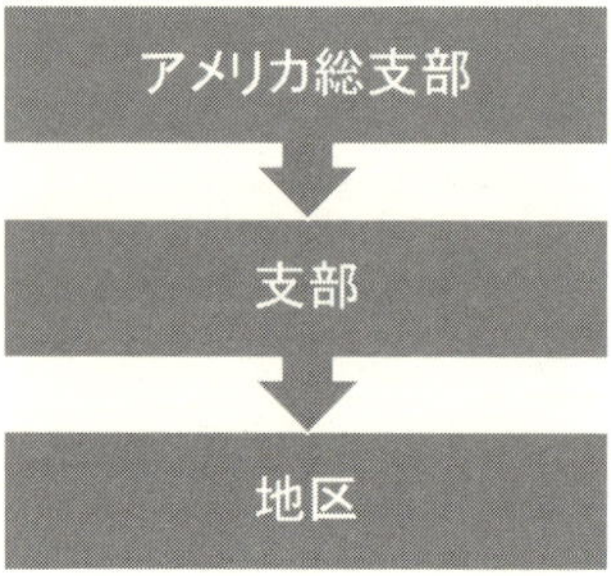

図3-1　1960年の組織

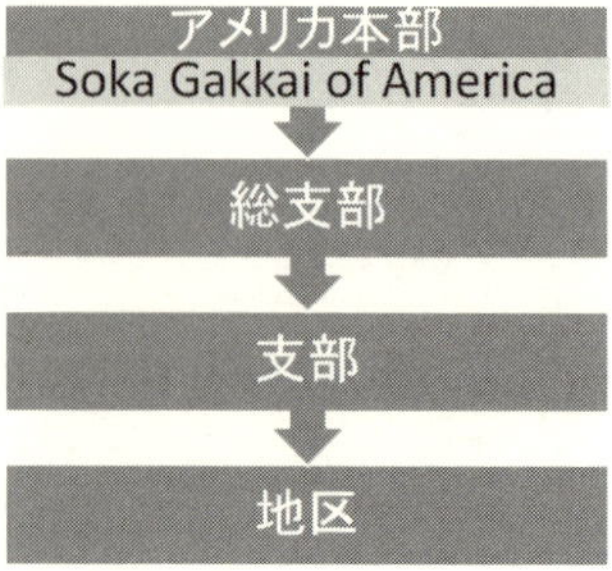

図3-2　1963年の組織

り、日本国内を含めると11番目の総支部であったが、所属する世帯数は約三百にすぎなかった（井上 1985: 156）。

１９６３年1月には、イースト・ロサンゼルスに初めて会館が置かれた。元郵便局であったこの建物が名実ともにアメリカ本部（American headquarters）となった。同年5月にアメリカ創価学会（Soka Gakkai of America）としてカリフォルニアの法人格を取得しており、法的にもアメリカで展開する宗教になったといえる。

１９６３年8月25日にシカゴで第一回全米総会（America Sokagakkai General Meeting）が開催され、そこで図３－２のような組織変更が発表された。アメリカ本部（American headquarters）の下に二つの総支部（general chapter）を置き、アメリカを東西の二つに分けた。そして総支部の下に支部（chapter）、地区（district）が置かれた[2]。

１９６７年、5月16日にロサンゼルス郊外のエチワンダに日蓮正宗の寺院である妙法寺が落慶した。このときにアメリカの組織は、Nichiren Shoshu of Americaという名称になった[3]。落慶法要の際に、池田がエチワンダで組織改編を発表した（図３－３参照）。

６７年には各地の組織が大きくなってきたため、６３年の組織の総支部（general chapter）の上に新たに本部（headquarters）を置いた。本部は、イーストコースト、ウェストコースト、ハワイの三つである。そしてその三つの本部をまとめるのが、総合本部（joint headquarters）というナショナルレベル（最上位レベル）になる。総支部（general chapter）は、メキシコ、ロサンゼルス、ハリウッド、サンディエゴ、サンフランシスコ、シアトル、ニューヨーク、ハワイなどであった。そのうちのたとえば、ニューヨーク総支部には、ニューヨーク、ニュージャージー、マンハッタン、マサチューセッツの四支部があった。総支部の下には、多いところで四支部、五支部が置かれたが、少ないところは一支部のみという場合もあった。公称の会員数はおよそ8万人で[4]、活動的なメンバーはそれほど多くなかったであろうが、１９６０年代にメンバー数が増加していったことは間違いないだろう。

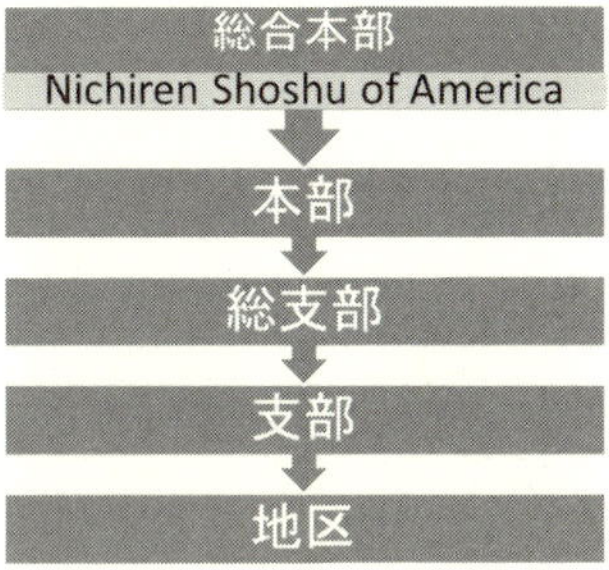

図3-3 1967年の組織

その後、１９７０年には、ロサンゼルスには少なくとも四つは本部（headquarters）があった。その他にもサンフランシスコ、シカゴ、ニューヨーク、ワシントン、ハワイも本部であり（WT, May 25, 1970）、本部の数は増加していった。

１９６７年以降、アメリカの組織全体を総合本部（joint headquarters）と呼んでいたが、この総合本部という呼び方は、１９７２年に廃止された。また、これ以降は、アメリカの組織全体は、Nichiren Shoshu of America と呼ばれ、略してＮＳＡと言われるようになった。[5] さらに理事長は、これまでは総合本部長（Sogohonbucho または joint headquarters chief）と呼ばれていたが、それを廃して、general director と呼ばれるように変わった。

ＮＳＡの組織は、１９７２年にかなり大きく名称が変更された。まず、三つの方面（territory）が設けられた（図３-４参照）。パシフィックとウェスタンとイースタンの三つである。それぞれのリーダーは、executive director と呼ばれるようになった。

図3-4　1972年の組織

方面（territory）の下にエリア（area）があり、エリアは以前の本部（headquartes）にあたるものである。エリアのリーダーは、headquarters chief か本部長（Honbucho）と呼ばれていたのが改められ、director と呼ばれるようになる。エリアの下には以前の総支部（general chapter）が該当し、それはコミュニティ（community）と呼ばれるようになり、リーダーは、general chapter leader かまたは総支部長と呼ばれていたのが、community supervisor となる。このように日本語によるリーダー名（総合本部長、本部長、総支部長など）が改められて、英語の呼び名に一本化する[6]（WT, Sep. 8, 1972）。

１９７３年に組織は Nichiren Shoshu Academy という名称に変更する。これは、当時は米国の組織がアメリカ合衆国だけでなく、カリブやメキシコ、パナマなども管轄していたので、その実態に合わせて、名称から「アメリカ」をはずしたものである。アカデミーはそれらも包括する名前として用

表3-1　エスニシティの構成の変化（%）

	1960	1965	1970	1972	1979	1981
日本人、日系人	96	77	30	9.3	20.4	14
白人	3	14	41	54.6	52.9	55
アフリカ系	1	5	12	19.3	18.4	19
ラテン・アメリカ		3	13		3.9	
その他		1	4	3.3	4.4	12

いられた。これはまた、当時の初代理事長ウィリアムスがＮＳＡセミナーを始めていたことも関係している。[7]

池田が初めて訪米した１９６０年に数百世帯の日本人の集まりから出発した米国の組織は、１９７０年代半ばまでの期間に現地での布教が進み、メンバー数は飛躍的に増加した。[8] それに伴って会員全体に占める日本人の割合は減少する。表３‐１は、[9] ＳＧＩや研究者が調べた組織のエスニシティの比率の変遷を表したものである。調査者、調査方法が異なり、正確な比較とはいえないが、おおむね日本人の割合は、１９７０年代に入って以降、多くとも2割程度となった。一方で50％程度が白人となり、およそ2割がアフリカ系アメリカ人というエスニシティの構成になったと推測でき、日本人の組織からアメリカ人の組織へと発展したといって間違いないだろう。この期間、組織の構成としては、布教の最前線である地区（district）と支部（chapter）は名称も変わらず存在し続ける。メンバーの増加とともに支部の上のレベルが増えていく。アメリカ全体のナショナルレベルを除くと、１９６０年には支部の上のレベルはなく、１９６３年に総支部（general chapter）が置かれ、一つのレベルが追加された。１９６７年には、さらに総支部の上に本部（headquarters）が追加され、アメリカ全体のナショナルレベルと支部の間に二つのレベルが置かれた。１９７２年には、中間のレベルの名称が変わり、コミュニティ、エリア、方面の三つのレベルが現れる。このように、変わらぬ地区と支部と、ナショナルレベル（名称は変化するが）の間のレベルが増加していくことにも、アメリカの組織の発展を見ることができるだろう。[10]

2 フェイズ2と組織構成の変化

発展し続けたアメリカの組織は、やがてフェイズ2《ツー》と呼ばれる局面を迎える。フェイズ2は、地方によっては少し早くから具体化するが、アメリカのSGI全体としては、１９７６年にフェイズ2が表面化した。[11] このフェイズ2とともに方面（territory）が再編成される（WT, Feb. 8, 1977）。このときの再編は、ウェスタン方面（Western Territory）を1と2の二つに分割するものであった。77年の再編以前に方面は三つあり、パシフィック方面には三本部、イースタン方面は七本部に対して、ウェスタン方面では一四本部に及んでいた（WT, Feb. 10, 1977）。このため、ウェスタン方面を二つの方面に分割することが必要となったのだが、これは、70年代半ばまでの西海岸の急速な発展を物語っているだろう。そして、組織として、方面の下のエリア、コミュニティが

図3-5 1977年の組織

廃止され、代わって本部が置かれ、その下に総支部、支部、地区が置かれた（図3-5参照）。
このときに全米で四者を機能させるような試みが始まった。実際に壮年部、婦人部、男子部、女子部の四者でそれぞれ会合を持つようになった。また、ナショナルレベルでの男子部や女子部と、男子部長、女子部長が置かれるようになる。それ以前も形式的には、男子部長、女子部長という役職はあったが、その役職に就くのは日本人であったのに対して、このときの男子部長（YMD chief）、女子部長（YWD chief）は、英語がネイティブなアメリカ人の男子部長、女子部長となった。[12]
それまでも、地域、都市レベルでの男子部、女子部はあったが、それより上の、とくにナショナルレベルでの男子部、女子部の活動はなかったという。またこの頃、リーダーを集めた大きな会合で、四者についての説明が行われている（WT, Feb. 21, 1977）。四者を家族にたとえ、壮年部（men's division）は家庭における父親に、婦人部（women's division）は母親などのように、少しずつ違う役割を果たすことによって幸せの家族が築ける。このように、組織も四者が協力しあって、初めてメンバーが幸せになれるという説明がされた。また、性別が同じで年齢の近い者同士の方が、メンバーのケアをしやすいという利点もあげられている（WT, Mar. 7, 1977）。
このような四者の説明は、フェイズ2で男女別の組織や会合で男女に分かれて座ることに対する批判があったことに対応するものであるが、実際にはフェイズ2によって若者が急減し、そもそも男女年齢別の四者に分かれて会合するほどのメンバーがいなくなるということも起こり、地域によっては四者は機能しなかったといってよいだろう。とくにフェイズ2の影響が強かったニューヨークでは、当時組織に若者はほとんどいなくなったという。[13]

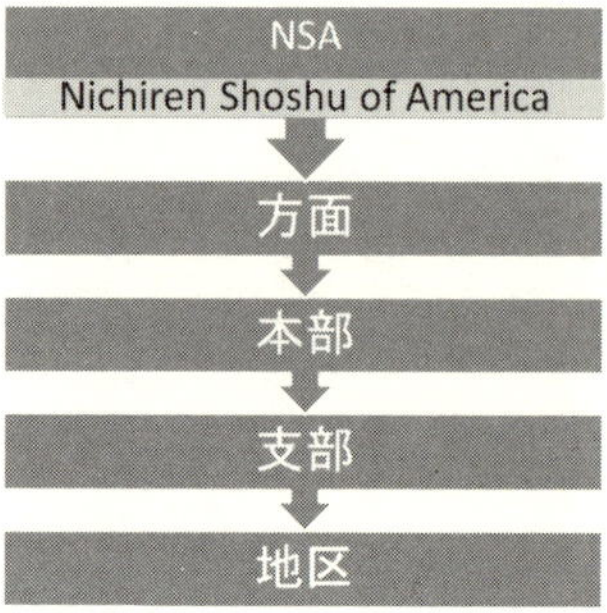

図3-6　1979年の組織

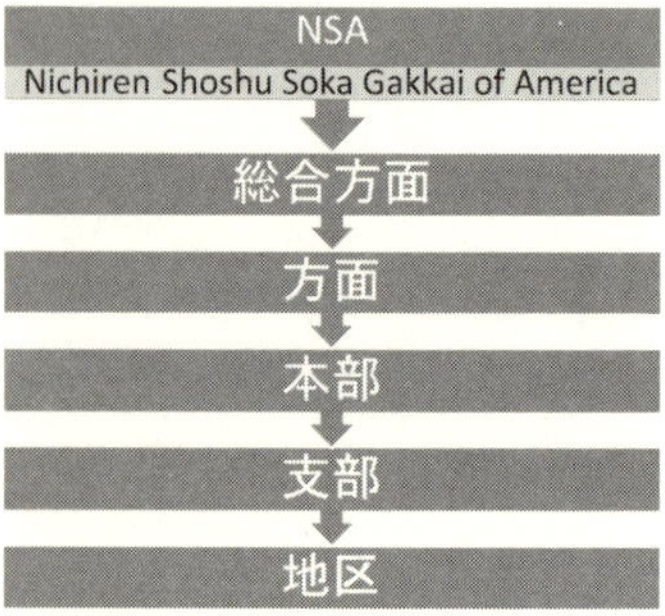

図3-7　1981年の組織

また、それまでの全国から参加する形のコンベンション[14]は、これ以降開催されなくなり、総会という形式になった。総会は、各地の会館に現地の人たちが集まる形式となり、全米のメンバーが１ヵ所に集まる形式はなくなった。たとえば男子部では１９７７年３月16日に、全米の本部のそれぞれで男子部会合が開催され、これを第一回男子部総会と呼んだ。全米の四者のリーダーは、このような会合に合わせて全米各地の会館を廻ることになり、また池田やリーダーのスピーチは印刷物で伝えられるようになった[15]。

１９７９年には、他の国が独立した組織になり、アメリカはアメリカだけの組織になったため、名称もNichiren Shoshu of Americaに戻った（図３-６参照）。

また、１９７７年に本部（headquarters）と支部（chapter）の間に設けられた総支部（general chapter）を７９年に廃止した。総支部の責任が明瞭になっておらず、支部のリーダーが責任を持って働いていたから、総支部のリーダーが責任を持つ役割がなく、総支部がうまく機能することができなかった。そのため、総支部のリーダーの中には、やめていく人も出てきたからである[16]。

１９８０年に、Nichiren Shoshu Soka Gakkai of Americaの名

称となる。第一次宗門問題が起きたため、創価学会の名前を入れることになった。81～83年頃の組織は、図3-7に示したとおりである。

1981年、ロサンゼルスを訪問した池田は、ロサンゼルスでも若者が少なくなった状態を見て、若い人の活動を再活性化しなければならないと考える。池田は常にロサンゼルスをアメリカの最重要拠点と考えていた。1981年7月に総合方面（joint territory）が設けられる。アメリカの地域に根ざした組織を作ることを目的に、副理事長を1人から5人に増やし、5人の副理事長がそれぞれ一つの総合方面を担当することとなった。組織として副理事長を強化し、望ましい方向に発展するために、副理事長が協力して理事長を支えるためである。しかし、総合方面設置の理念の実現は難しく、二年後の1983年に改めて総合方面が七つに再編成された。

また、このときにニューヨークやロサンゼルスの多くの地域で、組織草創以来の日本人パイオニアが役職から引退し、アメリカ人の若いメンバーを積極的に役職に登用するという組織改革が行われた。この試みはフェイズ2で求められた組織の現地化、アメリカ化のためには有効な方法ではあったが、[17]新しい役職者は経験が足りない場合があり、自分が指導する組織の中で問題が起こったときに適切に対応できないという弊害も見られたようである。1980年代はじめには、まだアメリカ人メンバーの多くは、役職者としての育成途上にあったといえるだろう。

さらにフェイズ2によって、若いメンバーの組織離れが見られたこともあり、若者の組織である男子部、女子部をてこ入れする必要があった。1982年には、再び日本人の、年齢的には壮年部に属する経験を積んだリーダーが、男子部長と女子部長に起用された。また82年のワシントンDCでのパレードは、鼓笛隊も出るなど若者の活動が活発化したが、これらは７０年代半ばまでの活動、すなわち日本人の役職者が中心となり、コンベンションを盛んに行うという活動に戻ったともみられるだろう。

一方で、四者はアメリカの組織の中で実質的に機能するようになっていく。１９８３年には、各都市に男子部と女子部の長が任命され、この頃から、女子部、男子部が機能するようになったという。１９８３年には、全米の男子部と女子部の会議が行われるようになり、３千人、４千人の若者が集まった。そのときの全米の男子部長と女子部長は、若い優秀な人を探して登用していった。８４年には、アメリカの日蓮正宗の寺の数は六ヵ寺となっていた。青年部総会がダラス、サンディエゴで開かれ、この頃には、折伏もまた盛んとなり、かなりの数の入会者があった[18]。また若い人を惹きつける活動をするために、パレードやコンベンションに代わって青年部総会が行われたとも考えられるのかもしれない。この頃の教団が発表するメンバーの数は20万人以上で、８割が非日系人であった（井上 1985: 156）。

組織の意志決定については、１９７７年に理事会が始まるが、８０年代には円滑に運営されない状況でもあった。８９年5月にも、副理事長6人が新たに任命された。副理事長6人のうち、5人は日本人であり、1人だけがアメリカ人で、すべて男性であった。四者のリーダーは婦人部長、青年部長、女子部長が日本人で、男子部長はアメリカ人が任命される。ナショナルレベルのアメリカ人はまだ1人だけであった（WT, May. 8, 1989）。

１９９０年、池田がロサンゼルスでの十七日間の滞在を終えて日本に向けて出発した2月28日に第一回の会合が開かれたのが中央（最高）会議（Central Executive Committee：ＣＥＣ）である[19]（WT, Mar. 12, 1990）。中央会議は、１９９１年から3年かけてリーダー層が集団で議論して意志決定する仕組みの実現のため設けられた会議である。この中央会議によって、組織の人事や活動など重要なことが決定されるようになった。中央会議では、組織のリーダーの任命や理事の任期などを決めるルールを作成し、ＳＧＩとしての活動の基本のガイドラインなどが検討される。変革が必要なときのプロセスなど、民主的な組織となるための体制が作られた。メンバーの数は一時、多数に増えたが、２００８年当時[20]はおよそ30人である。

そのほかにもさまざまな活動の決定機関として、法人では理事会（board of directors）がある。理事会の構成メンバー（２００８年当時）は9人で、そのうち日本人は2人で、残りの7人はアメリカ人である。また、白人が5人、女性が3人であった。理事会の構成員には、組織の活動に大きな功績がなくても、弁護士などの、社会の中で企業や組織の構築の経験がある会員を理事に招いて、非営利の法人として形を整えている。理事長は初代のウィリアムスが１９９２年11月に二代目理事長ザイツと交代し、三代目理事長ナガシマは１９９９年12月から２０１５年９月まで務めている。三人とも日本語がネイティブの日本人である。副理事長は主任副理事長が9名で、そのうち3名が女性であり、副理事長が34名おり、そのうち11名が女性である。そして１５年9月には、ストラウスが理事長に就任する新体制が発表され、初のアメリカ人理事長が誕生した。

最高総務会（executive council）は、議長が女性で、副議長がアメリカ人男性と日本人男性である（２００８年当時）。壮年部長、青年部長、男子部長、女子部長のナショナルリーダーの任命と総務会のメンバーの任命などを行う。総務会（council）は理事会のメンバーを任命し、理事長を推薦する機関である。

いずれの会議も組織を民主的に運営するためのものであり、１９９０年代から本格的に機能し始め、徐々にアメリカ人を中心とした組織となり、女性も構成メンバーの中での割合が高くなってきている。

１９９０年の池田十七日滞在後に、組織の変更もまた行われた。シカゴ、ハワイ、ロサンゼルス、ニューヨーク、ロッキー、サンフランシスコ、シアトル、ワシントンＤＣの八つの総合方面（joint territory）が設けられた。その下に方面（territory）、本部（headquarters）、支部（chapter）、地区（district）が置かれた。支部は現在の支部よりも広い範囲であったというが、組織の構成は１９８０年代（図３‐７）と同じナショナル、総合方面、方面、本部、支部、地区という六つのレベルを持つピラミッド型の構造であった。

１９９１年７月１日に正式名称がSoka Gakkai International-USA（以降ＳＧＩ‐ＵＳＡで継続）となる。[21]

９７年には、ロサンゼルスに二つ、サンフランシスコに二つ、ニューヨークに四つ、その他の地域も合わせて、十数個の総合方面（joint territory）があった（WT, Feb. 3, 1997）。ナショナルレベルの下のレベルの数が増えると、組織としての管理が難しくなる。つまり、ナショナルレベルのリーダーの負担が大きくなりすぎるので、組織改編が行われることになる。１９９７年には、総合方面、方面、本部の三つのレベルを廃止し、リージョン（region）、エリア（area）の二つのレベルが設けられた（図３‐８参照）。

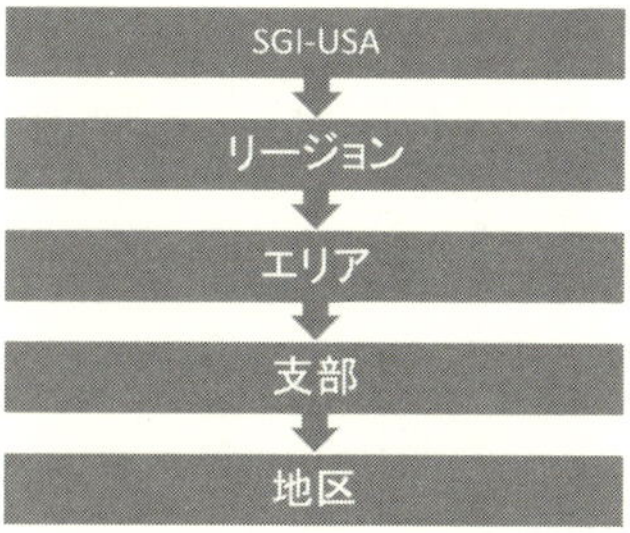

図3-8　1997年の組織

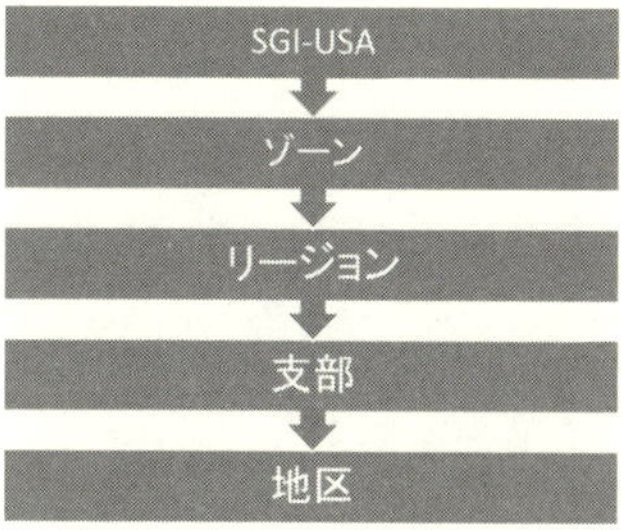

図3-9　2000年の組織

１９９１年以降、年間の新規加入者が２千人を超える会員増が続き、リージョン（region）数も30を超えて、年々増える勢いであった。そのため、リージョンとナショナルレベルをつなぐ新しいレベルが必要となり、２０００年にゾーン（zone）が新設された（WT, Dec. 22, 2000）。そのゾーンはまた、組織の権限を地域に分譲するためでもある。その意味で、ゾーンは、人々の地域感覚に沿う八つの地域[22]になっている（図３-９参照）。

２００４年までには、２０００年に新たに設けたゾーンの数が増え、13ほどになった。リーダーは、すぐ下の組織の面倒をみることがその役割である。たとえば、全米の婦人部長は、13のゾーンのそれぞれに置かれた婦人部の会合の世話やゾーン婦人部長の面倒をみることが仕事である。しかし、現実的に13のゾーンの面倒をみるとなると、毎月行われる13のゾーンでの会合の管理、運営だけで大変になり、ほとんどの時間を会合の準備に使うので、もっとも重要なメンバーのケアに費やす時間を捻出することができない。そこで、２００４年には、ゾーンを五つにまとめた。それでもその後、さらにゾーンが倍増した。２００７年頃、全国で一つの組織は大きすぎるので、ゾーンの上に三つの方面（territory）を作り、三つの方面ごとに自立的に運営するこ

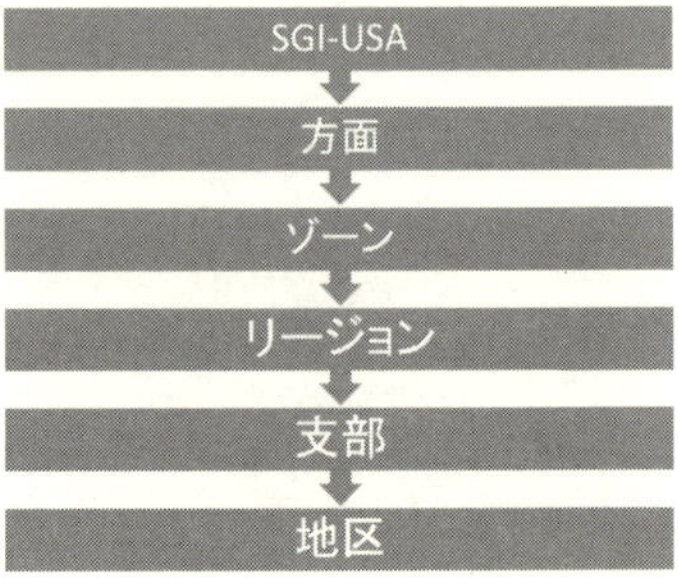

図3-10　2007年の組織

とにした。方面は、イースト、セントラル、ウェストの三つであり、その下にゾーン、リージョン、支部、地区が置かれた（WT, Jul. 6, 2007）（図３‐10参照）。

このような変遷をたどり、現在（２０１４年）の組織構成は、ナショナル、方面（territory）、ゾーン（zone）、リージョン（region）、支部（chapter）、地区（district）の六つのレベルとなっている。

3　タテ線からヨコ線〈Geo-Reo：ジオリオ[23]〉へ

日本の新宗教においては、その組織構成の基本の一つが「タテ線組織」である。つまり、新たに入信する人は、自分を信仰に導いてくれた人と同じ末端の下部組織に属するのである。信仰に導いた人を「親」に、導かれ、新たに信仰に入る人を「子」にたとえることもあり、「擬制的親子関係」ともいわれる。多くの日本の新宗教がタテ線組織、擬制的親子関係を採る中で、日本の創価学会は１９７０（昭和45）年にタテ線組織から「ヨコ線組織」（ブロックシステム）に変更した。[24] このような組織変更で分裂を起こした教団もあるが、創価学会は成功した教団の一つである。

ヨコ線組織は新たに入信する人は、誰に導かれたかに関係なく、自分が住んでいる地域の最寄りの末端の組織に属することになる。日本の創価学会の場合も長く延び、入り組んだタテ線を整理し、地域単位にすることで会員の移動のコストを削減するとともに、公明党を組織して政治に進出していく過程で、公明党を組織的に支援するためにも、住んでいる地域単位の地区ブロック制に変更することは、意義があったといわれている。一方でＳＧＩ-ＵＳＡは政治には一切関与していない。その中で１９９０年代半ばまでタテ線組織であったものを、９４年から９７年にかけて、ヨコ線に変更していった。この変更にはどのような要因が影響しているのだろうか。

９０年代半ばにはタテ線が広く伸び、交錯していたＳＧＩ-ＵＳＡの組織は、９４年にメンバーが住んでいる地区ごとに組織編成するヨコ線の組織への変更が始まり、[25] １９９７年に移行が終了した。[26] ９７年1月の機関紙のワールド・トリビューンには、ロサンゼルスで会合が開かれる担当者とその連絡先が、地名と郵便番号からわかるような一覧表として四ページにわたり掲載されている。メンバーは自分の住んでいるところの会合に出席するように促された。[27] このヨコ線組織のことをアメリカでは「ジオリオ」[28]（Geographical Reorganization を略して Geo-Reo）と呼ぶ。政治に関わらないＳＧＩ-ＵＳＡがなぜジオリオに変わったのかについて、これまで指摘されてこなかった組織特性の要因を含めて、その過程を描くのが本節の目的である。

タテ線の関係は、折伏された人と折伏した人との関係がずっと続く。それは、基本的には信仰を続ける限り、十年、二十年と長く続く。またどちらかが遠方に引っ越したとしても、その関係は続く。その人間関係の親密さは、宗教組織内の情報伝達から信仰上の困ったときの相談や援助、ともに協力して何かを実行するなど、最大限に活用されて宗教活動がなされる。逆にこのタテ線関係がなくなると、それに代わりうる人間関係が構築できない場合、おそらくその人はその宗教から離れていってしまう。多くの教団がタテ線の非効率性、すなわち入信した人と入信を勧めた人の距離が必ずしも近くないために、住んでいる家の近くで日常の宗教活動ができない人が数多く存在するにもかかわらず、タテ線関係を維持している。移動の多い現代社会では、時間の経過とともに両者が移動する可能性は高まり、近所で宗教活動ができない人が増えてくる。しかしながら、情報伝達を始め会合を持つことなどに時間や費用がかかることを了解しながらも、新たな関係に置き換えようとすることによって、その関係が完全に壊れてしまうことを恐れ、ほとんどの宗教教団がその組織原理をタテ線から新たな関係に転換しないのである。

多くの教団がタテ線組織を維持し続ける。それなのになぜ、SGI-USAはタテ線組織からジオリオの改革を行ったのだろうか。その理由は、以下の三点である。

第一に、すでに明らかなように、94年にジオリオが始まって、メンバーが家から近いところで活動ができるようになったという大きなメリットがあった。とくにアメリカは車社会であり、ロサンゼルスなどの大都会では車の渋滞が激しくなり、夕方は車で三十分で到着できる場所まで一時間半もかかるくらいの大渋滞であった。座談会はおおむね19時から始まるので、職場が座談会会場から少しでも遠いと仕事が終わってから座談会に駆けつけても開始に間に合わない人も出てくるくらいの交通渋滞になっていた。SGI-USAの非常に重要な活動である座談会に、仕事を終えて、車で移動して参加するためにも、家から近いところで活動するジオリオへの移行が望ましかった。

第二に、地区のリーダーが長期化することによる弊害があった。地区ではタテ線の関係からある人がリーダーとなっていく。地区が変わらなければ地区リーダーを十年以上も務めている人も出てくる。そこでは、地区リーダーと地区リーダーが折伏した人との密接な関係が十年以上も続いているケースが出てくるのである。つまり、その両者の間の関係は、他の組織全体からあたかも隔離されたようになってくる。地区リーダーに折伏された人は、自分たちの地区だけに行けばよい、より上の大きな組織の会合や活動には行かなくてもよいと思う人も出てきた。もちろん、これは地区リーダーが上位の組織への活動へも参加するように適切に促せばよいのであるが、そうでないリーダーもいたのである。つまり末端の組織の活動は、リーダーの善し悪しに左右され、ある場合には組織から独立する傾向を持ってしまう。そしてこの弊害は、ジオリオが実施され始めた94年が創価学会の宗門からの離脱（1991年）からあまり時を経ていないことと考えあわせると、より深刻な問題であったことが理解できよう。タテ線組織であれば、もしリーダーがSGIを離れ宗門に行ってしまうと、それに従うメンバーも宗門へ行ってしまう可能性が高くなるのである。あるいは宗門問題でリーダーが信仰をやめてしまうと、メンバーも従ってやめてしまうこともあった。これらを含め、たんに折伏の関係に頼るのではなく、個人が独立して、信仰において池田との関係を確立していくことが大切であるともいわれた。

第三の理由は、タテ線という構造が布教の最先端の地区という単位を分割できないことに起因する、組織特性上の問題である。1980年代は、フェイズ2以降、再び折伏が多かった時代である。84年から折伏数は急増し、88年までの5年間で折伏数はおよそ30万人に達したという。メンバーは短期間で増えたが、一つの地区でケアできるメンバーの数は限りがある。したがって増えたメンバーを適切にケアするために必要なことは、地区の数を増やすことである。しかしながら地区の数は、あまり増加しなかった。８０年代から９０年代半ばにかけてメンバーは、ずっと同じ地区にいて変わらないし、リーダーも変わらない。同じリーダー、同じメンバーのもとで、組織の活動が行われていた。メンバーが倍増すれば、地区の数も倍増する必要があった。増やすためには、一つの地区を二つに分割することが必要である。ところが、タテ線の人間関係に基づく組織では、長年、同じメンバーでやってきているので、地区を半分に割ることができない。地区を増やすためには、新しい基準、新しいシステムが必要であった。

さらに奇妙なことは、布教の最先端である地区の数は変わらないが、支部（chapter）や本部（headquarters）や方面（territory）などの上のレベルの組織の数は、１９８０年代からジオリオが実施された９０年代の前半にかけて、大きく増加しているのである。これはなぜであろうか。

自分が面倒をみる地区が5地区ある支部長がいたとしよう。その支部長は5地区も面倒をみるのは負担に感じて、2地区の支部と3地区の支部に分けて、一つの支部を二つの支部に増やすことを考える。その支部の上の本部のリーダーは、自分の配下の支部が一つから二つに増えることになる。支部が増えることは、広宣流布が進んでいることのように見え、メンバーが喜ぶし、リーダーも支部を増やした優れたリーダーだとたたえられる。したがって、支部は二つに増えることが認められるのである。これと同じことが支部から上のレベルでも起こり、支部数も増え、本部（headquarters）や方面（territory）の数も増えるし、総合方面（joint territory）の数も増えるのである。たとえば一番上のレベルの組織である総合方面が三つから六つに増えたとすると、ＳＧＩ－ＵＳＡの組織全体も二倍に大きくなったような錯覚が起こる。一見すると、組織の上層の数が増加し、組織が発展しているように見える。これが上のレベルの組織の数が増える理由である。

地区の数は増えないが、上層の組織の数だけ増える水ぶくれした組織は、三つの、きわめて大きな欠点を持つ。第一に新たなメンバーが入っている布教の最前線である地区では、メンバー数は増える一方で、地区のリーダーの数は変わらないので、実際にはメンバーに対するリーダーのケアが不十分になる。また、たとえば一つだった支部が二つに分かれると、新しい支部のリーダーは地区からあがってくる。そのため、その地区はリーダーがいなくなり、残ったメンバーの中から新しいリーダーを任命しなければならない。SGIの場合は、一つの組織単位でリーダーは一人ではなく、四者の部長とそれぞれの副部長がリーダー層を構成している。地区のリーダー層の中の複数のメンバーがその地区から抜けて支部のリーダーとなるため、（順調に新たなリーダーが育ったとしても少なくとも一時的には）地区は弱くなる。

三番目に、これまで支部単位でしていた会合が二つの支部で行われることによって、ケアするメンバー数が増えるわけではないのに、会合は二倍に増えるのである。もちろん、適切な地区数に適切な支部数が設けられるときには会合数が二倍になり、労力や時間がかかることは、メンバーの育成上必要なコストであるが、地区数が増えないまま安易な支部の分割は、会合のコストだけ増え、メンバーのケアにはそれほど貢献しない。このような会合増のコストが、SGI-USAの組織全体では非常に大きなロスとなっていた[29]。

このように、タテ線組織は、古い構造、古い組織、古いリーダーで行き詰まり、組織構成を改める契機を欠いていたのである。

ジオリオの改革によって、リーダーはメンバーの面倒をみることをはっきりさせた。さらに地区の人間関係をリフレッシュし、地区をメンバーの面倒をみることができる適切なサイズにし、一方で上のレベルのリーダーは、直下の3個から5個の組織の面倒をみることを原則として、バブルのようにふくらんだ組織を端的な階層に整えるよう組織の再編を試みたことがSGIの組織特性上の利点としてあげられる。

しかしながら、ジオリオの改革が始まった1994年から一応の完遂をみる97年までの間、メンバーからの抵抗も多かったという。その抵抗は、次の二点である。まず、折伏した人とされた人を引き離すため、リーダーが自分のメンバーを手放さない、固執するケースがかなりあった。次に、リーダーが3から5の下の組織の面倒をみることを拒み、上の組織の分割がなくならなかったことである。

組織の再建の方法は、一支部に3から5の地区を配置し、本部の下に3から5の支部というように、下に3から5の組織を作ることを原則とした。80年代の組織は、地区→支部→本部→方面→総合方面→ナショナルという6層のレベルがあったが（2節図3-7参照）、ジオリオの改革によって1997年に地区→支部→エリア→リージョン→ナショナルの5層のレベルに圧縮された（2節図3-8参照）。しかし、現実には、リーダーは五つもの組織の面倒をみることを嫌い、2から3地区、2から3支部になってしまい、改革は徹底されなかった。

2000年には、新たな変革が必要となり、二つの大きな変更が実施された。第一に、一つの支部が4から7の地区を担当し、一つのリージョンが5から9の支部をケアすることとし、一つのゾーン

表3-2　組織の変遷

1960	1963	1967	1972	1977	1979	1981	1997	2000	2007
総支部	アメリカ本部	総合本部	NSA	NSA	NSA	NSA	SGI-USA	SGI-USA	SGI-USA
						総合方面			方面
			方面	方面	方面	方面		ゾーン	ゾーン
		本部	エリア	本部	本部	本部	リージョン	リージョン	リージョン
	総支部	総支部	コミュニティ	総支部			エリア		
支部	支部	支部	支部	支部	支部	支部	支部	支部	支部
地区	地区	地区	地区	地区	地区	地区	地区	地区	地区

は、6から11のリージョンを担当し、ナショナルレベルでは、6以上のゾーンを担当することが定められた[30]。ルールをきちんと定め、冗長でない適切な階層構造、ピラミッド構造を造ることとし、地区以上では繰り返し起きているバブルのような上層組織の増加が生じないようにした。

第二に、組織の中からエリアをなくし、支部のすぐ上にリージョンを配した。リージョンの上には八つのゾーンを配置したが、２００４年には五つのゾーンに変更するなどしたが（2節図３－９参照）、うまく機能せず、０７年にゾーンの上に三つの方面を作ることになった（2節図３－10参照）（表３－２参照）。

このようにできるだけ下のレベルの組織の数を4以上に保つと、信心の長い、本当に実力のあるリーダーを上に上げて、若い人を最前線の地区のリーダーに登用することもできるのである。ただし、リーダーにとっては、以前は二つ、三つの下の組織の管理が役割だったのが、その数が増え、支部では4から7、リージョンでは5から9の下の組織の面倒をみることになり、リーダーの負担は増えることが問題として残っている。しかしながら、この割合を保つことによって、組織の上層がバブルのように増え、現実には布教の最前線のケアがおろそかになることを避けることができるのである。

じつはこのような組織バブルは、フェイズ2が起こる前の1970年代の信者急増期にも（この時期は実際にも組織は拡大したが、それと同時に組織バブルも）起こっていたと考えられる。そして、80年代半ばの再びの大量折伏路線の過熱によって、80年代から90年代にかけて、再び組織バブルが生じたのである。フェイズ2が生じた原因はただ一つではなく、さまざまな要因が複合して生じたと考えられるが、組織の面では新入会のメンバーの急増に対して十分なケアができず、布教の最前線をまかせられるリーダーの養成にもつながらなかったことがあげられる。したがって、この組織バブルの問題を放置しておけば、再びフェイズ2に似たような布教の停滞が生じたかもしれないのである。したがって、この問題は適切に対処する必要があった。それがジオリオの改革が進められた見逃すことができない理由である[31]。

ＳＧＩ－ＵＳＡの発展には、本章で取り上げた組織改革とともにもう一つ大きな要因がある。次章では、その点を考察しよう。

第4章　二段階のアメリカ化――翻訳の重要性再考

1　英語化とフェイズ2《ツー》

海外への日本の新宗教の布教の研究において、翻訳の重要性は、当然のことながら多くの先行研究で指摘されている。中牧（1986）では、ブラジルでPL教団が受容された要因として、たとえば正座から椅子への変化のように、儀礼の細部などを現地の生活様式に合わせたこと、現地人の役職への登用、ブラジル人のメンバーに対してきめ細かい生活指導をしたことなどとともに、1960年代後半からポルトガル語の布教へと切り換えられ、現地の言語の使用が進んだことをあげている。ブラジルのSGIについては、カトリック社会なので、結婚式や葬式などをカトリック教会で行うことに対して寛容な方針をとったこと、座談会や個人指導、家庭訪問によって、信心の持続と定着を図ったこと、役職による人材育成、文化活動による人材育成が有効に機能したことなどのほか、60年代後半にはポルトガル語が主体となったこと、そしてそこでは二世が通訳として活躍したことがあげられている

（渡辺 2001）。アメリカのＳＧＩについては、井上が１９６７年頃には種々の活動において英語が第一言語となったことを指摘している。そのほか、６０年代にアメリカの若者たちの間にカウンター・カルチャーが流行し東洋宗教への関心が高まったこと、ストリート折伏やＮＳＡセミナーという布教方法、多民族、さまざまな階層の人々が座談会などで集まることに魅力があったことや座談会での人々のあたたかさ、御利益信仰と人間革命、ハッピー信仰が受け入れられたことなどを指摘している（井上 1985: 164-86）。アメリカ人の研究者であるＪ・ハーストも１９６３年に英語で座談会が初めて開催されたことをアメリカ人への布教の重要なステップとしてあげており（Hurst 1992: 142）、ハモンドとマハチェク（2000）においても、ハーストを引用して英語での会合開催をあげているほか、アメリカの教会組織に倣った組織形態に変え、女性を登用するなどアメリカで重視される価値観に沿った形に変更したことでアメリカ文化に適応しようとしたという供給側の要因とともに、受容するアメリカ側の要因として、移民政策の変更や宗教的多元主義という社会状況が好都合であったこと、創価学会の超近代主義的な価値観がアメリカ社会に受け入れられたことなどをあげている。

これらの主要な研究のいずれにおいても早くからの英語の使用があげられており、ＳＧＩがアメリカ人の会員を獲得した根本的な要因の一つといえるであろう。ＳＧＩ‐ＵＳＡは、１９６０年代初頭から英語化を図った。先行研究に従えば、英語化によってスムーズに受容が促進されるはずである。しかし、７０年代後半にＳＧＩ‐ＵＳＡは、フェイズ２と呼ばれる局面を経験し、メンバーの数は減少する。つまり、受容は促進されず、阻まれるのである。

もちろん、英語化だけですべてが説明されるわけではない。フェイズ２では、６０年代半ば以降に大量に入会したアメリカ人の若者が脱会する。彼らは支部長などの役職に就いていたため、組織としてはリーダー不在の状態となり、活動が停滞した。フェイズ2以前においては、連日連夜ストリート折伏が行われていたが、その活動を担った青年層は、まだ結婚しておらず、大学生などであった。彼らが青年期であったことが深夜2時までバーを廻って折伏をすることを可能にした。しかし70年代半ばは、彼らが結婚しフルタイムの職に就くようになった時期である。したがって、多くの会員がその家庭環境の変化から深夜までのストリート折伏ができなくなった時期にあたる（ハモンド・マハチェク 2000: 70）。

そのような状況に加えて、組織の上層のリーダーは日本人、しかも男性ばかりが占め続けていることや、多大な労力と時間を費やすコンベンションに対して教団が示す意義に疑問を呈したり、反発もあり、また集会では男女別々に座ることなどに代表される日本的な文化が無意味に残っているように思われたことなどがフェイズ2を引き起こした[1]。

以上のように、フェイズ2の原因についてはさまざまな観点から検討することが必要であるが、本章では英語化が不十分であったこともフェイズ2の原因の一つにあげられるのではないかと考えるものである。60年代半ば以降、ベビー・ブーム世代であるヒッピー層が大量に入会し、支部長などの地域組織のリーダーになっていた。これは急激な会員増によって、地区や支部の数も急激に増えて[2]、信仰年数が短い会員も地区や支部ではリーダーに登用せざるをえなかったためでもある。彼らが十分に信仰を深めていれば、少々の社会状況やライフサイクルの変化があっても、信仰を続け、リーダーとして会員をまとめ続けることができたのではないだろうか。しかし、当時、多くを占めた若いアメリカ人のメンバーは、創価学会の教えを体験的、直感的には理解できても十分に英語化されたテキストがなかったため、教学としての理解が十分にできなかった。宗教の理解に体験的な理解も重要ではあるが、それと同時に教学的な理解も必要であろう。体験的理解と教学的理解がバランスよくできていなかったため、創価学会の教えの本質の部分が若者たちに伝わっておらず、社会状況やライフサイクルの変化によって大量に脱会するという事態を招いたのではないだろうか。

つまり、先行研究が指摘する1970年代までの英語化だけでは不十分だったため、70年代後半からの停滞期、すなわちフェイズ2が生じたのではないだろうか。日本宗教がアメリカに根付く要因を探求する際、翻訳が重要であることは間違いないが、たんにいつから現地語への翻訳が始まったかだけに注目するのでは不十分である。そこで、翻訳をいくつかのレベルに分けて、さらに80年代以降のプロセスも含めて検討する。

2　翻訳の四つのレベル

本節では、英語使用のレベルをインフォーマルからフォーマルに向けて、以下の四つに分けてみていく。

（1）会員間のコミュニケーションである座談会などの会合のレベル
（2）会員が日々接するものとしての機関紙誌のレベル

（3）池田大作SGI会長の著作のレベル
（4）御書や辞典などのレベル

以上の四つである。（1）のレベルよりも（4）のレベルの方が、教団としてはより公式的な形式の文書である。

（1）会合のレベル

私たちの調査から、初期の英語の使用状況について描いてみよう。

1960年にアメリカに渡ったといえる創価学会において、もちろん初めは日本語が用いられていたし、日本人ばかりであったので、英語の必要性はなかった。しかし、会合で英語が使われるようになった時期はかなり早く、またかなり急速に英語が用いられるようになっていく。63年、イースト・ロサンゼルスに初めて正式な会館が建設された。イースト・ロサンゼルスは、日本人、日系人が多く集住していたリトルトーキョーに近い地域であった。ここで、英語の会合が定期的に行われるようになった。しかしまだその他の場所では毎週英語で会合が開かれるのではなかった。ガーデナー、ロングビーチ、サンタナなどの限られたところで英語の会合は行われるようになっていたが、毎週、同じ場所で英語の座談会が開かれるのではなかった。英語を話すことができる日系人が、数ヵ所を一週間ごとに順番に廻るという形で英語の会合は行われていた。したがって、日本語がわからないメンバーは、いつも同じ場所の会合に参加するのではなく、みんなで車に乗って、今週はロングビーチ、来週はガーデナーというように、英語の会合が開かれる場所で参加していたという。また、63年には英語の教学試験も実施されたという。[3] しかし、63年当時は、まだ多くの会合は日本語あるいは日本語に英語が混じったものが使われていたと思われる。

67年頃の本部幹部会においても、まだ英語と日本語がいりまじっていたという。それは、体験談でも人事の発表でも、発表する人が自分の話しやすい言語で話していたからで、日本人は日本語で話し、アメリカ人は英語で話していたという。これでコミュニケーションが円滑であったわけでは当然ない。たとえば人事の発表で、日本人が日本語で一人のリーダーの名前を読み上げたときに、同時に二人の人が立ち上がったことがあった。比較的聞き間違うことが少ないと思われるリーダーの人名でさえも聞き間違いがあるという状態であったので、日本語で話された内容がアメリカ人に正しく伝わらないことはしばしばあったようである。日本語で話された内容がわからないアメリカ人には、後から二世が通訳したりして伝えていたという。

実際に会合でどれくらい英語が使われていたかは、聞く人によって、あるいはその人がいた地域によって異なるようで、なかなか一元的に描くことは難しい。私たちがインタビューした人々は、公に日本語が禁止されたことはなかったのではないか、アメリカ人が増えていって自然に英語が使われるようになっていったと思うと答えている。

アメリカ人が増えて、主要な言語が日本語から英語に替わっていったと考えるならば、1970年には、日本人の会員は3割に、アメリカ人の会員は7割に達するようになったので、この頃には会合は英語化されたといってよいのではないかと思われる。

聖典の講義も63年頃から毎月一回、イースト・ロサンゼルスの会館で、英語でも行われるようになった（日本語の講義もあった）。誰でも参加することができたが、最初は英語の一般講義に参加する人は、20から30人と少なかった。67年には英語の講義の参加者が増え、イースト・ロサンゼルスの会館では収容しきれなくなって、外の会場を借りるようになった[4]。また、最初の頃は、二世など年長の英語がわかる人が多かったが、68年頃には、大学生など若者が多くなっていった。このように若者の参加が増えたという変化が、次に述べる大学でのNSAセミナーにつながった状況だと思われる。

会員以外を対象とした講義に類するものとして、NSAセミナーがある。これは初代理事長貞永昌《さだながまさ》靖《やす》（1971年にウィリアムスと改名）が、68年から74年まで、アメリカ全土の大学で行ったものである。貞永は、1957年に渡米し、60年にアメリカで創価学会の組織ができた当初から、アメリカの組織を率いた人物である。組織が法人化された63年にはアメリカ組織のトップの地位に就いており、理事長職ができた1970年には初代の理事長に就任し、92年までその職にあった。貞永は、市民権を得てウィリアムスと名乗る以前の68年から74年まで、NSAセミナーと称される講義をアメリカ全土の大学で行っている。

セミナーは、1968年にはカリフォルニア州立大学ロサンゼルス校で二日間開催されたのが最初で、オハイオ州のウェスタン・カレッジセミナーは三日にわたり、500人の学生が出席して、ハワイでのコンベンションの映画やウィリアムスの講義などが行われた。また、カリフォルニア州立大学バークレー校でもセミナーが開催され、この68年には、三回のセミナーが開催された（Williams 1972: 45-6）。69年には15の大学、70年には25大学、71年26大学、72年6大学と続けられた。

バークレーでは、73年に四度目のセミナーが開かれるなど、複数回のセミナーが行われた大学も10大学以上に上り、ハーバードやスタンフォードなどの有名大学でも開かれている（Williams 1974: 8-11)。また、1969年には、空軍でセミナーが開かれ、1970年には、二つの高校でもセミナーが開かれている。また、大学ではない場所（Lockheed Management Club）で学生ではなく、年長の人を対象としたセミナーも一回開催されている（Williams 1974: 8-11）。このNSAセミナーは、数百人規模の多くの学生を集めたこともあったようで、これをてこに折伏も行われた。セミナーをするときには、男子部や女子部のメンバーも参加し、体験談を語ったりした。セミナーを通じて入会した人もいたという。

初期の段階では、日本語がわからないアメリカ人に仏教の内容を教えるために、英語も日本語も話せる日系人が重要な仲介役となった。しかし彼らも必ずしも完全に日本語の教えを英語でアメリカ人に伝えることができたわけではない。たとえば、一般の日本人が日本人に対して、日本語で説明するとしても仏教の教えの内容を言葉で正しく説明するのは難しい。つまり、よく理解していないことは、たとえ自分が使える言語でも説明できない。なんとなくわかっているくらいでは言葉では説明できない。日系人も創価学会の教えが十分に理解できるまでは、たとえ言語ができても英語で完全に説明することはできないのである。しかしながら彼らは、自分たちが理解したことを、たとえ話や身振り手振りも交えてアメリカ人に説明した。最初はたとえ完全に正確ではなくても、とにかく少しでもわかりやすく説明することが必要であり、その点で日系人の役割は大きかった。

この頃に活躍した日系人であるキクムラさん[5]の場合を例にあげよう。彼は、「依正不二《えしょうふに》」[6]を説くようなとき、たとえば夫婦がやってきて個人指導を求めた場合など、直接、依正不二は説かなかった。彼は、「やっぱり、スカンクはスカンクと結婚するだろう。どうして文句をいってるの？　スカンクは豚とは結婚しないだろう。」などと説明したという。また別のときには、「豚は木に登れない」と言う。これは、人間は完全な神様のようになんでもできる存在じゃない。人間だから目標によって自分を変えられるわけでもなく、自分のできないことができるようになるわけではない。人間はやはり人間らしく、人間性をちゃんと認め、その上でじゃあ自分自身は、何ができるか、そこから始めた方がいいという激励である。

このようなたとえ話によって、アメリカ人は仏法を理解し始めるのである。もちろん、仏法の理解には英語のテキストは不可欠ではあるが、初期のアメリカ人のメンバーの日蓮仏法の理解は、たとえ話であったり、身振り手振りの説明を通しての理解だった。ある場合には体験を通して、そして心で感じたものを通して理解していくという形をとったと思われる。そしてそれが初期には非常に重要であった。

前節に引用した井上（1985）などの先行研究のほとんどは、この時期の英語化について触れているが、その後英語化はどのように進んでいくのであろうか。

（2）機関紙誌

英語の印刷物の最初のものは、日本にあるアメリカ軍の基地にいるアメリカ人向けのものがあったという。それがアメリカに戻った軍人によって、アメリカにもたらされていたらしい。１９６０年には*The Soka Gakkai*という書籍が出版されている(The Seikyo Press 1966: Preface)。

定期的な英語の印刷物のもっとも最初のものは、機関誌の『聖教ニュース(*The Seikyo News*)』である。『聖教ニュース』は、1962年5月15日創刊で、当初は月2回、[7]その後、63年5月から月4回月曜日の発行になる。紙面は基本的に4ページだが、正月などの特別なときは、8ページになることもあった。これは、日本の創価学会で制作され、アメリカへ、またアメリカだけでなく世界中のSGIメンバーが購読したものである。この『聖教ニュース』は、65年9月14日発行の145号が最終号となる。

『聖教ニュース』に代わって発行されたのが『ワールド・トリビューン』である。これは、『聖教ニュース』が終わる少し前、1964年8月15日に第1号が創刊された週刊の新聞であった(口絵写真7参照)。タブロイド判4ページで、最後の一ページは日本語であった。これは、『聖教ニュース』と異なり、アメリカだけに配布された新聞であった。印刷された『ワールド・トリビューン』は支部にまとめて送られ、そこからメンバーが配布をしたという。『ワールド・トリビューン』はロサンゼルスの制作ではあったが、当時の制作の方法は、以下のようであったということである。日本から聖教新聞が航空便で一部送られてくる。それを写真で撮って、切り貼りして作っていた。英語のページを書いていたのは、当時でアメリカでの滞在歴が五年ほどになる日本人であった。彼が紙面を埋める英語の文章を考えるのに24時間くらいかかったという。その英語を会員の日系人や、奥さんが会員で新聞発行を仕事としていたアメリカ人に手伝ってもらって、書き直すという作業を行っていた。[8]

65年1月1日号から版が大きくなり、4月から週に2回の発行となり、8月14日号からは週に3

回発行となる。６７年には8ページに増え、７４年6月3日号から月曜日から金曜日までの週に5回発行となる。この頃は、コンベンションのことを詳細に伝える記事が多かった。７７年に版が小さくなり、週に2回、７９年にパンフレットサイズで週に1回となった。[9] ８０年代に入って記事の傾向が変わり、教学に焦点をあてた記事が多くなった。日本語のページは７０年代半ばになくなり、すべて英語になる。

月刊誌の『聖教タイムス（*Seikyo Times*）』は、１９６５年1月創刊[10]で、日本でいえば、『大白蓮華』にあたるものである。これは日本で制作されていた。これらの主要な印刷物はいずれも60年代に発刊されており、またその頻度も７０年代半ばの『ワールド・トリビューン』は週に5回発行であり、７０年代後半のフェイズ2に入る前に、すでに英語の印刷物はかなりの量が出版されていたといえるだろう。

機関誌のその後の質的な変遷が、本章でとくに注目する点である。

１９７３年から７７年には、季刊誌『ＮＳＡクォータリー（*NSA Quarterly*）』が発行される。注目すべき点は、これがアメリカ人が寄稿して、ロサンゼルスで発行された、アメリカ人の手になる印刷物であることである。そして月刊誌『聖教タイムス』も８１年6月からロサンゼルスで制作されるようになり、紙面の英語はアメリカ人が書いた英語が中心になる。その後、９７年1月に『聖教タイムス』は月刊の『リビング・ブディズム（*Living BUDDHISM*）』になり、２００６年から隔月発行になる。さらに１３年からは毎月の発行となり、メンバーは週に3回『ワールド・トリビューン』を受け取り、最終週に『リビング・ブディズム』を受け取ることになっている。

ここで、機関紙誌を現地で編集・発行する意義を確認しておこう。まず、英語がアメリカ人にわかりやすいものとなったことが挙げられる。それ以前の印刷物は、日本人が日本語から英語に訳していた。しかし、アメリカ人が日本語から英語に訳した方が、わかりやすい英語になる。これは、私たち日本人が日本語を英語に訳した場合と、英語を日本語に翻訳した場合では、どちらが自然な言葉に訳せるかを考えれば明らかであろう。

言語の面だけでなく、内容がわかりやすいというメリットもあげられる。つまり、日本人の日本での体験談、あるいは日本人のアメリカでの体験談ではなく、アメリカ人のアメリカでの生活に密着する体験談がより多く掲載されるのである。たとえば、ロサンゼルスで初めて編集・発行された1981年6月の『聖教タイムス』に掲載されている体験談の一つを要約すると、以下のようになる。

父は数学の教授で、子供をハーバードへやるのが夢だった。兄弟は成績もよかったが、ヒッピーの時代でストリートギャングになり、ドラッグにおぼれ、家族はめちゃめちゃになった。そこから題目をあげるようになる。初めは、朝はフリーウェイをドライブ中に題目をあげ、昼休みにパーキングで題目をあげたりするが、やがて御本尊の前で題目をあげることができるようになる…（ST. Jun. 1981, 54-5）

ヒッピーの時代や車社会など、アメリカの時代背景、社会状況に密着した体験談は、アメリカのメンバーにとっても共感しやすいものだっただろう。[11]

（3）池田大作SGI会長の著作

メンバーは新聞や月刊の雑誌によって、日々教えに接し、教えを学ぶが、それ以外にも書籍によって学ぶ。創価学会の場合、池田大作の著作や対談集が多数出版され、多くの会員が読んでいる。SGI-USAにおいても、現在では日本の創価学会と同じように、定期的な印刷物以外にも池田大作の著作が会員の教えを勉強する教材となっている。これらは少しずつ翻訳され、『聖教タイムス』等に部分的に掲載された後に単行本となって出版されることが多い。

池田の著作でもっとも有名で、おそらく会員にもっとも読まれている『人間革命（*The Human Revolution*）』も最初に英語に翻訳されたのは、1965年の『聖教タイムス』（vol.1, no.3）で、単行本として最初の英語での出版も65年と早い時期である。しかしこのときは、5巻まで出版された後、諸事情により完結しないで終わり、72年『人間革命』の英訳単行本が再度、新たに出版され、99年に12巻本として完結した。

それ以外の池田の著作、対談集などの英訳での出版は、1970年代後半から始まる。70年代の後半には、トインビー対談をまとめた『二十一世紀への対話（*Choose Life with Arnold J. Toynbee*）』を含む6冊が出版され、80年代は9冊であるが、90年代に入ると14冊、2000年代には22冊というように、70年代の後半から英訳が増え、90年代以降は急速にその量が豊富になる[12]（口絵写真6参照）。

１９７０年代後半	6冊
１９８０年代	9冊
１９９０年代	14冊
２０００年代	22冊

『新・人間革命（*The New Human Revolution*）』は、１９９５年から刊行が始まっている。また、直接の池田の著作の翻訳ではないが、池田のスピーチなどの指導を翻訳したものを、『ＳＧＩニュースレター（*SGI Newsletter*）』として１９８４年7月から週に1回、日本から海外に送っている。それをもとに各国が自国の機関誌などに池田のスピーチを掲載するようになったことも、海外のメンバーが教学を学ぶ上では大きな出来事であっただろう。『ＳＧＩニュースレター』は、１９８９年5月から日刊になった。[13] このように池田のスピーチの翻訳は創価学会の国際通信部で精力的に進められた。さらに法華経の解釈に関しては、『法華経の知恵』が８０年代半ばになって『リビング・ブディズム』に掲載されるようになり、これによって、英語で池田の法華経の解釈をアメリカ人が学べるようになり、２０００年から０３年にかけて英訳書（*The Wisdom of the Lotus Sutra I-VI*）として刊行された。これらの翻訳は、アメリカのメンバーが教学を深める上で重要であったことは間違いない。

（４）御書と辞典の翻訳

最後に創価学会が聖典とする「御書」（『日蓮大聖人御書全集』）の英訳についてみてみる。最初の御書の翻訳は1966年の『聖教タイムス』7月号に掲載された「経王殿御返事」である。その後、各篇が『聖教タイムス』に順次掲載された。74年3月に現創価学会会長原田稔を委員長とする御書翻訳委員会が発足し、翻訳スタッフ、教学部の代表など17名の委員の下、翻訳作業が進められ、書籍としての「御書」は、『英文御書解説』（*The Major Writings of Nichiren Daishonin*）としてまとめられ、79年に第1巻が発刊された。その後二年に一巻のペースで翻訳が進み、94年に第7巻が出版されて、合計172編の御書の翻訳が完成した。これにより御書が英語で読めるようになったのである。

その後、翻訳の正確を期すること、引用文の統一、用語の再検討などを目的とした改訂版の出版が企画され、1999年に『英訳御書（*The Writings of Nichiren Daishonin*）』第1巻、2006年に同第2巻が出版され、二巻本として完結する。第1巻で、日本語で残っている言葉は、固有名詞を除くと「御本尊」、「題目」、「摂受」、「折伏」だけといわれている。

また、御書を読む上で、また日々の信仰においても必要な仏教用語の辞典としては、1983年『仏教用語辞典（*A Dictionary of Buddhist Terms and Concepts*）』が出版され、2002年には、改訂版の『創価学会版　英文仏教辞典（*The Soka Gakkai Dictionary of Buddhism*）』が出版される。これらの聖典や辞典に関しては、日本語に精通したアメリカ人のSGI職員やアメリカ人の法華経典の専門家の協力も得ながら、日本で英訳・改訂が行われている。

以上見てきたように、会合だけでなく、機関紙誌においても池田の著作の出版においても御書の翻訳においても、1960年代には英訳が始まり、出版される。しかし、それらの多くは80年代に入ってアメリカで出版されるようになったり、改訂されたりするのである。

3 「日本語が透けて見える英語」から「自然な英語」へ

印刷物は、大まかにいえば、1960年代から70年代は日本で日本人が翻訳し、出版していた。現在でも聖典の翻訳などは日本が中心ではあるが、1980年代よりネイティブが関わる部分が増え、彼らが直接翻訳したアメリカ人が読みやすい英語が増えてきたことは間違いないだろう。この節では、その翻訳の違いを具体的な例をあげてみてみよう。

まず、翻訳のない語、翻訳できない語はただ一つで、南無妙法蓮華経である。Nam-Myoho-Renge-Kyoとローマ字でそのまま表される。翻訳もあるが、日本語の用語がそのままローマ字で書き表されて使われていることも比較的多い語がいくつかあり、そのもっとも代表的な例が「御本尊」である。現在でもGohonzonとローマ字での表記が残っている。この言葉の訳は、1960年代からthe object of worship（崇拝の対象、拝む対象物）という言葉が使われていた。81年のロサンゼルスで編集／発行が始まる直前の『聖教タイムス』の4・5月合併号では、Gohonzonが136回使われており、the object of worshipも10回使われている。それが、2002年出版の『創価学会版　英文仏教辞典（*The Soka Gakkai Dictionary of Buddhism*）』では、the object of devotion（献身の対象、信仰心の向かうところ）という言葉が使われるようになる。

また1981年前半の『聖教タイムス』を見ると、現在の英訳の御書（*The Writings of Nichiren Daishonin*）でもローマ字表記で残されている「題目」、「折伏」がローマ字のままで数多く見られるのは当然として、「一念三千」、「随方毘尼《ずいほうびに》」、「異体同心」などが、この時点でもローマ字読みで残されている。

「一念三千」、「随方毘尼」、「異体同心」などの言葉はローマ字読みで残る一方で、英語でも表現されてきた。しかし、その翻訳は変化している。

「一念三千」は、１９７２年の『聖教タイムス』10月号（No.136）では、

The 3,000 worlds in a momentary existence of life.

とされていたが、１９８３年『仏教用語辞典（*A Dictionary of Buddhist Terms and Concepts*）』には、

A single life-moment possesses three thousand realms.

となり、２００２年の『創価学会版　英文仏教辞典』では、

three thousand realms in a single moment of life

となる。

「随方毘尼」は、海外での布教においてはよく使われた言葉である。１９７２年の『聖教タイムス』

4月号（No.130）では、

Zuiho means to follow the customs and traditions of a particular area, while Bini means precepts or commandment.

という、随方は何々、毘尼は何々という、日本人にはわかりやすい、あるいはいかにも日本人が訳しやすいような翻訳になっている。しかし、随方毘尼は漢字4文字であるが、この訳では18ワードとかなり長くなっている。これが、2002年の『創価学会版　英文仏教辞典』においては、

precept of adapting to local customs

のわずか6ワードとなるのである。

「煩悩《ぼんのう》即《そく》菩提《ぼだい》」は、1960年代の『聖教タイムス』においては、

The important Buddhist principle in which Bonno (earthly desires, worldly principle etc. -the cause of unhappiness) is changed into Bodai (satisfaction, enlightenment, etc. -the effect of happiness). (ST, 1967, No.21)

という、煩悩が菩提になるというような感じの長い説明的な英語訳である。これが、1983年の『仏教用語辞典』においては、

earthly desires are enlightenment

と、わずか4ワードになるのである。日蓮仏法には、「即」という言葉がよく使われ、これは今日の創価学会の公式の翻訳においては、be 動詞があてられることになっており、機関誌や池田のスピーチなどで御書を引用する場合には、英語の出版物では、この be 動詞を用いた訳が使われる。しかし、これだけでは初心者にはわかりにくいだろう。そこで、御書というきわめて公式的なレベルではなく、より日常的なレベルにおいては、すなわち機関紙や会員が初心者に説明する場面などにおいては、

earthly desires lead to enlightenment
earthly desires springboard to enlightenment

など、be 動詞ではなく動詞の部分の意味がよりわかりやすい翻訳も使われている。
「異体同心」は、古い時代の『聖教タイムス』(1972年)においては、

Means that, though different from each other in physical and social terms, all Nichiren Shoshu

> members share the same objective. They have the same faith - faith in the Gohonzon - and aim at the common goal of Kosen-rufu, while developing individual potentials.（ST, 1972, No.134）

と訳されている。「随方毘尼」や「煩悩即菩提」と同じように長い、説明的な英語であったのが、２００２年の『創価学会版　英文仏教辞典』においては、

> Many in body, one in mind

と、簡潔に６ワードで訳されるようになった。日本人から見れば「体はたくさんでも心は一つ」という感じでよい訳に思えるが、この訳も完全というわけではなく、その後の議論が多いものである。とくにone in mind の部分は英語ネイティブの人からクレームがつくことが多い部分で、マインドコントロールの連想などから盲信、妄信をイメージしたり、使われる文脈によっては、ナチスをイメージするというクレームもあるという。また、many in body の部分も many では、たんに数が多いという感じで、エスニシティがアメリカほど多様でない日本国内では many でもよいが、エスニシティも階層的にも多様なアメリカなどでは many に加えて、異なる different のニュアンスがあった方がよいという。これらの議論を踏まえて現在では、より日常的なレベルでは、異体同心は、Unity in diversity が使われることも多いという。[14]

異体同心を巡る詳細な議論を知ると、英語への翻訳は、とくに宗教的な深い意味を伝えるためには

非常に難しく、いかなる翻訳にするかは、読み手が誰かによって決まるといえるだろう。今後、メンバー、あるいは外国人の仏教理解が深まれば、それに応じた翻訳がなされるべきである。さらにこれからの時代の変化によって英語が変化すれば、その時代の英語に翻訳しなおす必要がある。[15] つまり翻訳に完成はなく、これからも翻訳は洗練されていかなければならないことがよくわかる。それを考えればますます、1960年代、70年代に翻訳に携わっていた日本人たちの翻訳が十分ではなかったことは当然すぎるほどのことであり、従来の宗教研究でこの前期の翻訳でもって英語化が行われていたと判断するのは、部分的、表面的といえるだろう。

4 二段階の英語化の意義

SGI-USAにとって重要な英語への翻訳は、60年代に始まる初期の翻訳から80年代以降現在に至るまでの翻訳で、日本人の翻訳からアメリカ人ネイティブの翻訳へと担い手が代わり、それによって、「日本語が透けて見える英語」から「自然な英語」へと変化したといえるであろう。この変化を本書では、二段階の英語化と名づける。

この二段階の英語化は、翻訳にアメリカ人の協力を得て、翻訳のレベルが向上したということが第一義的に重要である。直訳的で説明的な長い英語がワード数の短い簡潔な説明になった。もう一点、忘れてはならないことがある。それは、二段階の英語化によって、たとえば「煩悩即涅槃」や「異体同心」のように、会合での会話レベルの翻訳から、機関紙誌、池田の著作、御書のレベルのそれぞれに応じて、翻訳語が異なる場合があることだ。複数レベルでの異なる翻訳によって、複雑な教えの意味を重層的に伝えることが可能となった。この重層的な翻訳によって、会員にとっては、自分たちのレベルによって、あるいは状況によって、異なる翻訳を選択してコミュニケーションしたり、学習することが可能となったのである。

創価学会といえば、勤行や題目をすぐに思い浮かべるもしれないが、日蓮仏法では「信行学」の重要性が説かれている。「学」すなわち教学の重要性は、信や行とともに御書を読むことを中心に、正しい仏法を学ぶことが重視され、また学によって信が確立され、正しく行ができるとされている。1980年代からの二段階の英語化が進んで初めて、アメリカ人にとって「信行学」が確立し、深くその仏法を理解できるようになったのではないだろうか。

最後に翻訳とSGI-USAの発展について、まとめておこう。SGI-USAにおいて、1960年代の早くから日本語から英語への翻訳が取り組まれてきた。早くから英語化に取り組んだことが、70年代半ばまでのヒッピーを中心とする若いアメリカ人が入会し、信仰を始める一つの要因になったのである。しかし日本人が中心の翻訳は、翻訳の質に限界があった。翻訳は徐々に改良されていったが、一方で60年代から70年代半ばにかけては、入会者が急増した。そのため組織が急成長し、多くの役職者を必要としたSGIにとっては、翻訳は不十分なものであった。70年代半ばにはまだ翻訳の質的向上が追いつかず、メンバーは十分に日蓮仏法を理解しないまま、あるいは理解しなかったため、組織はフェイズ2という停滞期を迎える。たとえば7割から8割の多数を占めるようになったアメリカ人が「役職者が日本人ばかりである」という不満を訴えるのである。このように第一段階の翻訳では会員の急増に対応できる組織のリーダーを養成しきれなかった。そしてこの停滞期は、人材育成が十分ではなかったため、アメリカ人を役職者につけるというような対処的な方法では問題は解決しなかった。日蓮仏法を十分に理解していない役職者では、組織を統制していくことはできなかったのである。人材育成は短期間では成し遂げられないためフェイズ2は長期化する。一方で翻訳はさまざまなレベルで改訂作業が継続的に行われ、「日本語が透けて見える英語」から「自然な英語」へと変わっていく。この二段階目の英語化が進むことによって印刷物の英語も改良され、教材も充実し、教学が進み、同時にアメリカ人の人材育成も進むようになるのである。全国レベルや組織の上層のレベルの役職者の人材育成だけでなく、それ以下の会員においても教学が進むことによって、すなわち1990年代以降になって、初めてフェイズ2は終息し、SGI-USAの再発展が始まるのである。

第5章　アメリカにおける師弟不二《していふに》

1　教えの継承

倫理的預言と模範的預言

宗教の教義、教えの継承に関連して、宗教社会学者マックス・ウェーバーは、「倫理的預言」と「模範的預言」に基づいた宗教の類型論を提示している（ウェーバー 1992: 76）。「倫理的預言」とは、神の意志に基づく倫理的義務として神への服従を要求する。聖霊に満たされ、神の意思を世に伝える使命を感得した指導者の体験に始まり、聖書に基づいた倫理的な生活を信者に要求するようなキリスト教の宗派は、ウェーバーのいう「倫理的預言」的特徴を持つ宗教である。一方、「模範的預言」は、模範を通じて救済への道を指し示す。宗教的指導者が、自らが体得したものを同じ道を歩もうと希求する人々に模範として生き方を示すのが「模範的預言」要素を持つ宗教である。

アメリカ合衆国は、基本的にユダヤ・キリスト教の文化圏にあり、アメリカ国民の大多数はキリスト教徒である。キリスト教は、ウェーバーの類型論では神の意志に基づく倫理的義務として神への服従を要求する「倫理的預言」を基盤とした宗教になる。一方、SGIは仏教に依拠し、牧口常三郎、戸田城聖、池田大作の三代会長を模範として、救済への道が示される「模範的預言」に基づく宗教といえる。

「倫理的預言」に基づくアメリカ宗教＝文化は、歴史的に見れば欧州のように中世のギルドなどの徒弟制度を欠き、したがって、師を敬うことを範型とした「模範的預言」にはなじみがない。とすると、「模範的予言」に基づくSGIの教えが、アメリカに根をおろすのは困難なことなのではないだろうか。個人主義的で、アメリカン・ドリームが成功モデルとされる競争社会のアメリカ合衆国で、どのように「師の教え」は継承されるのだろうか。

本章は、SGI-USAにおいても、近年顕著な「師弟不二」の強調に着目し、その教えがどのようにメンバーに受容され継承されているかについて、文書資料とインタビューに基づいて、いくつかの学術的概念や理論を援用しながら分析するものである。

カウンター・カルチャーによるリーダーシップの再生

アメリカは1960年代にカウンター・カルチャーを経験した。序章で紹介したように、SGIの発展にとって、カウンター・カルチャーは非常にポジティブな役割を果たした[1]。もし、カウンター・カルチャーを体現するヒッピー・ムーブメントがなければ、SGIの1960年代から70年代の急速なメンバー数の増加はなかったかもしれず、メンバー構成は日本人が多数を占めたままで、現地人が中心となる組織への転換はきわめて遅延したか、あるいは生じなかったかもしれない。

カウンター・カルチャーは、一言でいえば親の文化を否定するものであった。その後、二十世紀末にはアメリカにおいては宗教も消費される時代に入ったので、親とは違う宗教を選択することも一つのトレンドとなった。このような文化の流れは、キリスト教社会において、親のなじんだ宗教文化と異なる仏教の布教にとって、好都合な条件であったと考えられるだろう。

他方、親世代への反発や目上の世代への抵抗とは別に、アメリカに渡った創価学会に色濃かった日本的な慣行やリーダーシップのあり方に、ヒッピー世代のアメリカ人入会者は強い抵抗を示したのであった。それがフェイズ2であったことはすでに述べたところである。そのような権威への反発という歴史の流れを経て、今日ではアメリカSGIは、師弟不二の教えをメンバー間に浸透させている。その経緯と変遷はどのように理解できるであろうか。

異文化においても、メンバー間に師弟不二の浸透を図ったことは、イギリスSGIを調査研究した『タイムトゥチャント』（ウィルソン・ドベラーレ 1997）でも取り上げられている。

> 信仰についての総合的な指導と、日蓮の著作および池田大作会長の著作を学習し論議していくことは、異なった理解の段階にいるメンバーたちを結びつける重要な絆を形成し、組織全体に「師弟不二」と呼ばれる信仰体験に基づく結合の環を構築する。（p. 60）

師匠と弟子は精神的に一体であるべきと考えられている。したがって、創価学会は哲学的には明らかに個人主義と平等主義に立っているにもかかわらず、信仰における古参原理が仲間意識と結びついており、その結合には神秘的な要素がある。(p.61)

この師弟不二の原理は、牧口常三郎の弟子としての戸田城聖、戸田の弟子としての池田大作という関係にも適応される。(p.61)

興味ふかいのは、ウィルソンとドベラーレが、イギリスでは師弟不二がアメリカほどうまく浸透していないと述べている点である。

リーダーたちは師弟不二の原理に従って、メンバーに対する模範的行動を「役割モデル」として演じているが、かといって、この行動パターンが普遍的に見られるわけでは決してなく、イギリスにおいてはアメリカの事例が示すほど明白ではない。(p.337)

イギリスではそれほど受け入れられていないとウィルソンとドベラーレが述べる師弟不二を受容することは、アメリカSGIにとって、1960年頃の日本・創価学会の教えや組織運営に基づいて、新たなリーダーシップやアメリカ型の組織創造への道であったと考えられるだろう。

では、アメリカSGIメンバーに師弟不二が浸透するまでには、どのような苦労があったのか。まずは定年退職した元職員で1967年に入会した古参メンバーのガイ・マクロフスキーさんの話から、その流れを見ていこう。[2]

アメリカSGIの初期、すなわち1960年代には、初代理事長ウィリアムスが中心となって、全米各地の大学でNSAセミナーを開催していた。[3] NSAセミナーは、各大学の世界宗教の授業、仏教の授業などの中で依頼されて、ウィリアムスが講義を行ったものである。

ウィリアムスによる講義の内容は、依正不二、色心不二、十界、一念三千などの仏教用語をやさしくかみくだいて紹介するもので、仏教を知らない学生にも理解しやすいもので、大学の教師にも学生にも喜ばれるものだったようである。布教的にもセミナーは、折伏の一つの機会となったようである。セミナー開催時には、男子部や女子部の学生が必ず随行し、体験談発表を行い、それが折伏につながったようだ。セミナーを通じて入会した人は、量的にはそれほど多くはなかったが、英語しかわからず、仏教をまったく知らないアメリカ人にもわかりやすかったNSAセミナーは、アメリカにおいて異教である仏教を広める第一歩としては貢献したといえるだろう。

しかし、ウィリアムスを中心とした体制は、次第に問題を生じさせた。いわゆるフェイズ2であるが、ここでは、師弟不二に関連して事情を詳らかにしていこう。

大事なことは、仏法を知的に理解するか、ハート（心）を理解するのかである。それらはまったく違う。ハートの方は師弟不二だが、ウィリアムスはそれを失った。

ある時点で、ウィリアムスはセンセイ（池田大作）とアメリカのメンバーの中間に入って、センセイのことを知るには、ウィリアムスを通さないといけないような感じになった。それは、1976年に明らかになったと思う。

「1976年に明らかになった」とは、フェイズ2が起こったことを指しているが、フェイズ2の混乱を収めるために、80年代に池田はアメリカを度々訪問し指導をしている。しかし、当時の日本の状況[4]や第3章で示した組織の体制や第4章で示した教学の整備が不十分だったことなどもあり、アメリカのメンバーは師匠に直結することを実感できず、池田→ウィリアムス→メンバーという、ウィリアムスが間に入り媒介する体制は変わらなかった。そして、折伏数によって組織力を顕示する時代が続き、結局90年代まで軌道修正ができなかった。

1990年2月、池田は22度目の訪米をする。当初はロサンゼルスだけでなくブラジルなど南米諸国の訪問も予定されていたが、それらの予定をキャンセルし、十七日間にもわたってロサンゼルスに滞在し、連日会合を開き、指導を繰り返した。

過熱した折伏を冷ますために、「折伏をするときは、心を使って、気を使ってやるべきだ」「組織活動だけではなく、人生のほかの分野、たとえば家族、地域の活動、仕事、学校でもきちっとやり遂げていくべきである」などの指導をした。[5]しかしながら、その指導がすぐに広く受け入れられたわけではなかった。

変化は少しずつ、痛みのあるプロセスだった。勤行したくない人、座談会に行きたくないという人、『ワールド・トリビューン』も読みたくないという人もいた。

SGA-USAの第三代理事長（1999年から2015年）を務めたナガシマも、この1990年の池田のロスでの十七日間の指導で状況が変わりだしたと回想している。[6] 1990年から始まって2005年くらいから師弟不二が根付き始め、本当に根付いたのは2009年くらい、最近のことではないかという。

師弟不二が、年月をかけてアメリカのメンバーに根付くには、どのような過程を経たのであろうか。まずは『ワールド・トリビューン』、『聖教タイムス』などの活字媒体において、師弟不二がどのように扱われてきたのかを調べてみよう。

2　師弟不二の翻訳

「マスター（master）」から「メンター（mentor）」へ

アメリカのメンバーと池田を直結する言葉が「師弟不二」である。フェイズ2からの回復は、アメリカにおける「師弟不二」の受容の過程と言い換えることもできる。この観点から、師弟不二がアメリカでどのように使われてきたか、機関紙誌を中心に見てみよう。その際、注目するのは「師」という言葉である。1960年代からSGI-USA（当時はNSA）では、師弟を表す master and disciples という英語表現が使われている。

私たちが見た最初の記事は、1965年に発刊が始まった月刊誌『聖教タイムス（*Seikyo Times*）』の1967年4月号（p.9）で、牧口と戸田の関係は master and disciple（師弟）の関係であると書かれている。

1968年2月号（p.13）に掲載された『聖教タイムス』紙面のQ&Aのコーナーでは、

師弟不二（the oneness of Master and disciples）とは何ですか。

という質問であった。その回答として、

師弟不二とは、仏教においてもっとも重要な教義の一つです。それは、師（Master）と弟子（disciples）は、切り離すことができないということを意味する言葉です。

とあり、師弟不二は、the oneness of Master and disciples と表現されている。また、日蓮大聖人に対しても master という語があてられている。この文章に続いて、

真の仏法において、師（the Master）は日蓮大聖人であり、…

と続けられている。

１９６８年９月号（p.9）では、'Master-Disciple' Spirit Manifestedという見出しの下、『人間革命』第４巻の最終章「秋霜」が青年部のメンバーにとって有益な教えであると紹介されており、その中で池田の師、戸田城聖を指してMasterという言葉が使われている。

さらに、『聖教タイムス』１９７１年６月号（p.31）には、"My Master"と題した池田が戸田について書いた一文がある。その中で池田は

To me he was the supreme master of human education, the finest teacher of my life.

と、師を表すのにmasterという言葉とともにteacherという言葉も用いている。

『ワールド・トリビューン』の１９７５年６月17日（当時は週に5回発行）では、戸田の師、牧口という箇所と、戸田の弟子、池田という表現にmasterやdiscipleという語が使われ、また師弟不二は、'oneness of master and disciple'（Shitei Funi）とローマ字が付された箇所があり、さらに７月３日は'Shitei Funi Day'というようにローマ字の読みをそのまま使っている箇所もあった。

『聖教タイムス』１９７６年10月（p.15）の紙上座談会では、１９５８年４月２日に戸田城聖が死去し、６０年５月３日の池田第三代会長就任を受けて

We must never forget the spirit of transmission which is crystallized in the two significant days of April 2 and May 3. Here is the living principle of the oneness of master and disciple.

というように、師弟不二として the oneness of master and disciple が使われている。しかしながら、その後、『聖教タイムス』や『ワールド・トリビューン』で師弟不二は、あまり見当たらなかった。

１９７８年のお詫び登山、第一次宗門問題を経たのちの１９８０年5月号の『聖教タイムス』では、池田が大白蓮華に寄稿した随想「恩師と桜」の一節が転載されているが、その中で戸田を指して teacher が5回、master が3回と、両者が混在して使われている。

6月の『聖教タイムス』22、23頁では、Eternal May Third（永遠の5月3日）と題して、池田が、戸田城聖の第二代会長への就任を回顧してつづったエッセイに、弟子は disciple と出てくるが、master の単語は出てこない。この記事では、master ではなく teacher の語を使っている。

また、１９８９年の『聖教タイムス』9月号（p. 12）では、

My master, Josei Toda used to advise youth to have a correct perspective on history.

と、master を使用している。

このように１９６０年代の後半には、師は master という語が使われ始める。仏教の師弟や師弟不二というときには、master and disciples や oneness of master and disciple が使われた。

創価学会の教えでは、師弟とは、仏教の歴史の中だけでなく、現代にも存在する。創価学会は、初代会長牧口常三郎と二代会長戸田城聖、そして三代会長池田大作という師弟関係の連なりの中で、日

蓮仏法の教義と広宣流布という運動形態が確立されてきたのである。この三代の指導者の師弟関係を表すのに、当初は master and disciple が用いられたのである。

ところが master という言葉を使い始めてみると、メンバーの中に三代の会長を our masters（私たちの師）と呼ぶ人が出てきたという。Masters of Buddhism（仏法の師）なら問題はないが、one's master（われわれのマスター）といえば、master and slaves（ご主人様と奴隷）の関係を想起させるという意見がメンバーの間で強くなったそうだ。my master（私のご主人様）という表現は、アメリカの歴史において負の遺産である奴隷制度をあまりに彷彿させる。master には、owner of slaves（奴隷のご主人様）という意味もあるからである。[7]

そうした複雑な要素をなくすために、master の代わりに teacher や mentor を主に使うようにしたという。[8] こうして、１９８０年頃から teacher という語もかなり使われるようになる。このように、master が使われなくなったのは、アメリカ人メンバーの声が影響している。

アメリカ人の声が翻訳に反映されるようになったのは、日本・創価学会の翻訳部門に加わることができるほど教義に精通し、日本語を理解する英語ネイティブの人材が育ったからである。現在でも御書などのもっとも根幹部分の翻訳は、日本・創価学会の信濃町の翻訳担当部署が行っているが、１９８０年代からアメリカ人などの翻訳スタッフと日本人のスタッフがコミュニケーションをとり、英語ネイティブも協力して、彼らの考えや解釈を取り入れた翻訳になってきた。

日本人のみの翻訳からネイティブも協力する翻訳への先駆けは、１９７３年から７７年に発刊された季刊誌『ＮＳＡクォータリー』の発刊で、これはアメリカ人が寄稿して、ロサンゼルスで発行されたものである。1981年には月刊誌『聖教タイムス』の制作がロサンゼルスに移るなど、第4章で見た「二段階の英語化」の二段階目のステップへ進む上で、アメリカ人などネイティブの果たした役割は大きい。master から teacher や mentor への変更は、二段階の英語化の好例であり、ネイティブが重要な役割を果たしたことがわかる。

master に代わって、現在もっとも使われている mentor（メンター）の語が使用され始めるのは、1991年である。創価学会は、世界各国のSGI出版担当、幹部向けに、池田SGI会長の直近のスピーチの翻訳などを『SGIニュースレター』として、東京から配信している。[9] その『SGIニュースレター』の1991年10月23日（No. 763）に、mentor という単語が使われている。しかし、次号の『SGIニュースレター』10月25日（No. 764）では master が使われているように、ある時点で一斉に mentor に変更されたのではなかった。

機関紙では、1992年10月5日付の『ワールド・トリビューン』において、宗門の僧の言動と対比して、若者に対する指導の文章に

True Disciples Emulate the Behavior of their Mentor

という見出しがあてられているのが、mentor のおそらく最初に使われた例であろう。

1993年11月15日付の『ワールド・トリビューン』では、『新・人間革命』が『ワールド・トリビューン』紙で連載が始まることを知らせる一面のトップ記事の中で、

Mentor and disciples are inseparable.

と書かれているほか、数か所に mentor と disciples の単語が使われている。しかし、同日の同じく『新・人間革命』について書かれている記事の続きの他の紙面には、mentor ではなく master の表記もある。また池田は『新・人間革命』をライフワークとして、'the diamondlike, genuine path of master and disciples' を書き続けると記されている。

１９９３年においても、外部の人向けの広報誌では、mentor ではなく teacher が使われたケースも見られる。『創価学会ニュース（*SOKA GAKKAI NEWS*）』は、１９７６年から９５年まで19年間発行された月刊誌で、９５年3月から『クォータリー（*Quarterly*）』という名称に変更し、サイズも大きく、カラーになったもので、主として外部の人向けの広報誌である。その創価学会ニュース１９９３年1月号（p.5）では、

the key to Soka Gakkai's development lies in the relationship between "teacher and disciple"

と書かれており、mentor ではなく teacher を使用して、"teacher and disciple" となっている。

結局、１９９０年代初めが mentor への移行期といえよう。master から mentor への変更は二段階の英語化の一例であり、master や teacher と併用して、少しずつ mentor を浸透させていった。

メンタリング

マスター（master）がアメリカ文化の中で特有の意味を持つのと同様に、メンター（mentor）という言葉もまた、アメリカ文化や社会の中で生まれたものであり、特有の背景を背負っている。もともと日本ではメンターやメンタリング（mentoring）という言葉はあまりなじみがなかった[10]。しかし、アメリカでは、メンターやメンタリングという言葉が、日本語の「師」という言葉では想像できない文脈で広く使われている。

メンタリングとは、メンター、すなわち成熟した年長者（重要な他者）と若者が、継続的に関わり、信頼関係のもと、メンターが適切な役割モデルを提示し、若者の成長を支援する関係とされる（渡辺 2009: 1）。

本章で後に見る「師弟不二」の関係において師をメンターと呼ぶようになった背景には、アメリカにおける地域、企業、学校の連携による青少年、次世代の育成におけるメンタリング・プログラムの影響があろう。

メンタリングの先駆は、二十世紀初頭にアメリカで非行少年少女の更生支援活動として開始されたＢＢＢＳ運動（Big Brothers Big Sisters）である。この運動は、１９８０年代後半に急拡大した。その原因は、１９７０年代の生涯発達論とキャリア発達心理学によるメンターへの着目という学問的背景とともに、ソーシャル・キャピタル（社会関係資本）の劣化が問題視され、青少年の健全育成が重要課題の一つとなったアメリカ社会への応答でもあった（渡辺 2009: 41）。

多くの人は、困ったときに助言を求められる人を理想とし、その目標とするような人物と継続的な人間関係があるだろう。多くの青少年の場合、それは両親であり、学校の先生であり、地域の大人であるのが通例だが、このようなメンタリングに恵まれない青少年にメンターを紹介するのが、メンタリング・プログラムである。

メンタリング・プログラムでは、メンターとなってもらうごく普通の市民ボランティアと、メンターを持たない青少年の両者を、口コミ、広告、インターネットなどで募集する。不適切なメンターをスクリーニングで排除した上で、両者のマッチングを行い、メンターに専門家が指導や助言を行いながら、メンターが青少年と交流し、話を聞いたり、相談を受けたりすることによって、若者の成長を支援するのである（渡辺 2009: 1-5）。

メンタリングは、1989年にはブッシュ大統領がテレビコマーシャルで宣伝し、この時期にはP&GやIBMといった有名大企業が、従業員がメンターになることを推奨したり、メンタリング・プロジェクトを行ったりするなど、劇的に拡大した（渡辺 2009: 52-3）。2002年にはブッシュ大統領が1月をメンタリング月間とする声明を発表し、全米メンタリング月間キャンペーンが強力に推し進められるなど、全米に取り組みが広まった（渡辺 2009: 59-61）。

このようなアメリカ社会でのメンタリング運動の拡大・普及が、SGI-USAにおいてメンターという言葉の受容を支える社会的要因の一つになったと考えられるだろう。

宗門との決別の影響

メンターという語の採用は、それが生じた1990年代初めという時期を考えれば、宗門と袂を分かったとき、師弟が強調されたと考えるのが自然であろう。宗門に追随し、学会から離脱するかもわからないメンバーが出るかもしれない局面で、master ではなく、teacher でもなく、mentor という概念を学ぶという新規の大きな課題が課せられることで、メンバーは教学に駆り立てられるという機能を果たしたと考えられる。

『ワールド・トリビューン』の１９９９年11月26日八面と九面では、宗門と創価学会・ＳＧＩとの師弟不二の解釈の違いが述べられている。宗門では、師弟は対等ではなく、僧が師であり、俗人の信徒より優れていると考えられているが、日蓮大聖人は、どこにもそのようなことを述べておらず、師弟は本質的に平等であり、平等であることがこの関係の核となる点であると教えていると、宗門と創価学会・ＳＧＩとの解釈の違いが示されている。

『ワールド・トリビューン』の１９９９年12月10日一面から三面には、本部幹部会での池田のスピーチが紹介され、牧口と戸田の関係は本当の師弟 true mentor and disciple であったことが述べられ、また御書を引いて

> if a teacher has a good disciple, both will gain the fruit of Buddhahood, but if a teacher fosters a bad disciple, both will fall into hell. If a teacher and disciple are of different minds, they will never accomplish anything.（WND, 1999: 909）

と書かれている。１９９９年に出版された御書（ＷＮＤ）の２巻本では、teacher and disciple が使わ

れていることもわかる[11]。

また、同日の他の記事では、11月に四日間にわたって、フロリダ自然文化センターでMentor-and-Disciple Relationship Study Conference「師弟不二を学ぶ研修会」が初めて開かれたことが紹介されている。

師弟不二は文字で伝えるだけでなく、大掛かりな展示が行われている。２００９年1月16日の『ワールド・トリビューン』では、Mentor-Disciple Exhibition Opensという記事があり、サンタモニカのＳＧＩプラザでthe oneness of Mentor and discipleという展示が始まったことが伝えられている。２００９年2月27日の『ワールド・トリビューン』は、師弟不二展示の特集号で、一〜十六面のすべてがMentor-Discipleの展示と池田のアメリカでの足跡についての記事である（口絵写真8参照）。また、Mentor-Discipleの展示は、7月からはフロリダ自然文化センターで行われた[12]（WT, Jul. 24 & Aug. 23, 2009）。ＳＧＩの歴史に関わる写真を中心とした展示であるが、英文で解説が添えられ、英文に対応した日本語のガイドもあり、たとえば師弟については、以下のような説明がある。

仏法の師弟関係とは、仏法の極理と実践に精通した師が、その深甚の智慧を民衆に伝授すべく生命を賭して戦い、そして弟子は師の精神と法の継承を誓うものである。

師匠と弟子、すなわち師弟の関係、宿縁は最も深く、重にして大である。人間としていかに完成していくか、どう人生にかかわっていくか、人類史に貢献していくかを教え、研磨しあう師弟相対の関係こそ、今世にとどまらず、三世永劫に、また山海空地いずれにあっても絶えることのない生命の絆であるからであります。（「生死一大事血脈抄」の池田会長講義[13]）

この後、師弟不二について書かれた記事は増え、たとえば『ワールド・トリビューン』の２０１１年１月１日三面には、２０１０年７月３万１０００人の青年が全米各地で結集し、広宣流布の誓いをたてたことや、

The Victory of the Disciples is the Victory of the Mentor

と述べられ、『ワールド・トリビューン』の２０１１年７月29日八面、九面では、「師匠は常に、弟子の勝利と成功の知らせを楽しみにしている」と記されている。

青年にとって、mentorという言葉は、当時のアメリカ社会のメンタリング運動でもなじみがあったが、ＳＧＩの機関紙誌でも紹介され、また展示によって写真を見ることでも理解が深まったと考えられる。

師匠と弟子という関係の考え方は、ＳＧＩ-ＵＳＡの中で自然発生的に受容されていったのではなく、アメリカ社会の動きにも合わせてＳＧＩが組織の状況に応じて、翻訳語を変化させ、機関紙誌、座談会、研修会、展示などのさまざまな媒体や機会を設け、時間をかけた取り組みによって、青年層をはじめとするメンバーに浸透していったのである。

3　SGI-USAメンバーが語る師弟不二

タリク・ハサン最高協議会議長[14]

タリク・ハサンさんは、パキスタンの国連大使を務めた父とともに最初ニューヨークにやって来たが、その後大学進学のために、1968年にアメリカに移り住んだ。フェイズ2の前、1973年、大学院の学生のときニューヨークで折伏されて、以来学会活動を続け、2000年から13年間、壮年部長も務めるなど、SGI-USAの要職を務めている。

1970年代半ば、入会間もない頃から教学の勉強はあったが、しかし、「池田先生のことは、今ほど勉強していなかった。その頃は先生の指導が強調されていなかったのは、ウィリアムスの指導が強調されていた」からであるという。

ハサンさんの体験では、70年代半ばは、師弟不二も池田会長のことも強くは意識されていなかったという。それが大きく変わるきっかけは、90年2月、池田のロス十七日間滞在のときの「(ウィリアムスとNSA組織に縛られた) 奴隷のような私たちを解放」する指導であった。

「奴隷」とはどのような状態をいっているのだろうか。

ハサンさんは、「90年以前の指導は、日々の生活を無視して、学会活動のみを中心とするような指導だった。それは、先生のガイダンスではなく、NSAの指導だった。人々は、生活の中で、実証をまったく示していなかった。私はリサーチャーだったが、学会活動が中心で、仕事に没頭することができなかった。また多くの人は家族と一緒にいることもできなかった。」という。

序章で紹介したＳＧＩ－ＵＳＡの歴史の中で、連日深夜にまで及ぶストリート折伏や、毎年繰り返し行われる大規模なコンベンションを思い起こせば、学会活動中心の生活がきわめて拘束力の強いものであったことがわかるだろう。当時のメンバーは、自分の生活を大事にする余裕もなく、したがって、生活の中で実証を得ることもできなかったわけである。

ハサンさんは、また当時は「師弟不二の精神が全然なかった。ウィリアムスが師匠だった」という。「創価学会において師弟不二が非常に重要であるが、師匠と同じものを分かち合っていく」という、その精神がなかったと振り返っている。

ウィリアムス理事長の時代は、メンバーが先生に折々の感謝の手紙を書くときに、「池田先生、ありがとうございました」と書くことができず、必ず「池田先生、またウィリアムス理事長、ありがとうございました」と書かなければならなかったそうだ。

先生はアメリカから遠く離れ日本におられるわけであるが、ウィリアムスは、アメリカで唯一人、自分を通してのみみんなが先生につながることができると、常々言っていたという。

つまり、ウィリアムスは師弟不二の関係をゆがめていたということだ。ウィリアムスは、自分が師匠であるとは言わないが、自分が先生にもっとも近い弟子で、自分を師匠と思って振る舞うことで、本当に師匠の前に出たときに、きちんと振る舞うことができるなどと言って憚らなかったという。

そして、二十年近くもかかった回復の時代を経て、ＳＧＩ－ＵＳＡメンバーは、自分の日々の生活や仕事を大切にすることができるようになったとハサンさんはみている。とくに２００４年以降、本部幹部会における池田の姿をアメリカの会館でもビデオ放映し、メンバーに積極的に見せて師弟不二を強調し始めた。アメリカでは、毎月4万人が池田の姿をビデオで見ているという。これらを通じ、師弟不二が浸透し、本当に大きく変わってきたのだという。

先生はアメリカの会合に来ることはないし、ビデオは過去のビデオだが、メンバーは、先生を人間としてみるようになってきた。彼のユーモアも理解できるし、彼の決意も感じられる。また自分の師匠である戸田先生との師弟の関係もビデオの中で、お話しされる。先生自身の師弟不二をお話しされる。それが何よりもメンバーを変えていく。

過去6年間[15]、ハサンさんが入会した時代とはまったく違う青年たちが入会してきているという。

いま入会している青年部の人たちは、センセイのことを非常に理解できている。ある意味では、壮年、婦人はまだまだ師弟不二の概念を理解しがたい人もいるが、でも、師弟不二に関して理解できないという問題を持っている青年には会ったことはない。センセイと直結している弟子が現れてきたなあと思う。

その理由は、今だからこそだと思う。センセイがバトンを渡そうとしている。2010年から、センセイは表立って会合には出ていない。写真とかビデオはあるが、直接メンバーとは会っていない。センセイがリードすればそれに頼ってしまうが、会合などに出席しないことによって、他の人がリードする。今、入会する青年は、一度もセンセイとは会っていない人ばかり。本とビデオを通してセンセイと会うだけ。センセイから信仰のバトンが渡されるべきときであるからこそ、直系の青年が出てくると私は思う。

クララさん

クララさん[16]（仮名）は、結婚したばかりで、インタビュー当時、信心して七年になる29歳の女性である。ブロンドの長い髪で、紫や茶系の色のシックな縦じまのワンピースに黒ブーツを履いていた。彼女は、17歳のときにシカゴのダンサーのトレーニングスタジオで、年下の女友だちからＳＧＩのことを初めて聞いた。19歳のとき、ニューヨークに引っ越し、未入会であったが会合に参加するようになり、22歳で御本尊をいただいたという。二年前から女子部のリージョン・リーダーを務めている。

今は、信心して七年になる。私が考える師弟不二、師弟の関係は、師匠が書いてくださった文章や発してくださった言葉を、私が求めて、学んでいく、そこに師弟の関係があると私は思っている。信心を始めた年に、フロリダの自然文化センターに行って、セミナーに参加したいと決意した。そして、１９９９年11月に参加した。そのセミナーは青年部の総会だった。そのフロリダのセミナーに参加した後、池田先生は私のメンターだと決めた。

それは、まずセミナーで学習したセンセイの言葉など、全部正しいと納得がいったからである。センセイが言った御書の言葉や若者が生活の中で経験することに対する教えなど、フロリダに行くまでにもいろんな人から池田センセイのことを聞いていた。しかし、セミナーに参加して、自分で池田センセイの書物を読むなどして、勉強していく中で、自分とセンセイの関係を感じることができた。

そのときから毎週、センセイに手紙を書いて、メモを書いて、ファックスを池田センセイのところに送った。

センセイからは、あなたの日々の努力に感謝します。とか、家族によろしくとのメッセージをいただいた。

メンターは、私にとってはセンセイ teacher で、常に自分のとなりにいてくれる人、正しい道を教えてくれる人である。池田センセイは、最高のメンターである。

もちろん、私はこれまでにいろんな人に教えてもらい、いろんな人にお世話になったわけだから、他にもメンターといえる人はいる。お母さんもそうだし、ほかの友だちもそうだし、ダンスの先生もそうだし、過去の雇ってくれた人もそうである。

たしかに彼らは私を正しい道に導いてくれた人であることは間違いない。

しかし、私が仏法の中で学んだ師弟の関係は、池田センセイは師であり、弟子は師を越えて、100倍、1000倍になって成長する人間になっていく、そういうことを教えてくれるのだ。

また、師は弟子の最高の人生を引き出し、そういう人間になってほしいと思っている。池田センセイは今月200を越える学術の賞をもらったが、私は学術の賞がほしいわけではないが、センセイは私に賞を300も400も学術称号を取るくらい成長してほしいと願ってくださっている。

比べていうと、他の先生（teacher）は、同じように思ってくれているかどうかは疑問である。自分を超えては困ると思っているかもしれない。

母も先生の一人で、母は信心していないが、素晴らしい人だが、人間だからネガティブなときもあり、ネガティブなところから学ぶのは、私にとってよくないので、そういう意味でセンセイは100％ポジティブなことを私におしえてくださる。私の能力を引き出してくださるので、やはり違った意味での師であると思う。

キャシーさん

シカゴで生まれ、ロサンゼルス在住のキャシーさん[17]（仮名）は、金髪にブルーの瞳の白人で、五年ほど前から支部副婦人部長を務めている。1960年代後半、ティーンエイジャーのときにこの信心に出会った。父は解雇され家計は苦しく、兄はベトナム戦争で被弾して左目を失明し、家族は喧嘩が絶えず、自分は人生の目的を模索し続け、苦しみの最中にいたときだった。

インタビューの冒頭、婦人部での活動の写真と自分の子供の写真を手に、和楽な家庭が大事と語る彼女は、題目を唱えたり、先生の指導を受けるのは基本であるが、ドリルチームや婦人部の活動などでみんなと触れ合って、みんなに激励されるということ、つまり、他者を通して、信心の大切さをまた再び思い起こさせてもらって、自分の中にときには生じる疑いや一種の行き詰まりを乗り越えてきたという。信心は一人ではできないということである。

彼女は述べている。

仏法の基本は変わらない。とくに師弟の関係は、永遠に教えていかなければならない。学会精神は永遠に真理である。自分は弟子として、この仏法を応用していく立場になるけれど、そのことを考えた場合、私の頭にすぐ浮かぶのは、戦争や暴力はよくないということである。これに焦点をあてた運動形態を追求するべきだと思う。師弟を教えていくという流れと、暴力を否定していくというこのメッセージ、流れをどうしていくかが問題である。とくに師弟の問題に意識や関心が高くない人もたくさんいるので、そういう人たちにいかに教育していくか。仏法はお手本となる実例があって、わかっていく種類のものである。自分で修行するのではあるが、お手本を見続けて、わかっていくものだから、実例としての師匠を意識してする修行形態である。

別のあるアフリカ系の女性は、「(池田先生は) この仏法によって、自らの人生に大きな変革をもたらし、世界中の人々に自信を与え、勇気づけ、模範となる人間の一例なのである。彼は、驚くべき人物で、人生をフル回転で生きている人物であり、そのことが私には、希望や模範になる」と語っている[18]。

ここまで二人の女性によって述べられていることは、教えの継承において重要なキー概念の一つとなる言葉を示唆している。それはロールモデルである。

ロールモデル

ロールモデル（role model）には、役割モデル、模範、お手本となる人、目標人物などさまざまな訳語があるが、近年はそのまま用いられることも多い。

ロールモデルは、テレビや映画などの世界のヒーローやヒロインとは異なり、憧れの対象にとどまらず、ある人の生き方が自分の生き方にとって実際の模範となるような事例に当てはまる。「あの人は立派だ」、「あの人、すてき」、だから「あの人のようになりたい」という思いから、その人の生き方に倣う。学ぶことは「真似る」ことに始まるのである。

ロールモデルは、自分の将来を描くときのお手本となる。自己の成長とともに、あるいは、自分を取り巻く環境、所属集団などの変化によって、両親や学校の先生や先輩、会社の上司というようにロールモデルも変化する。ときには、テレビで見た有名人の場合もあろう。あるいは、本や雑誌からロールモデルを見つける人もいるだろう。

女性雑誌を見てみると、対象読者を女子高生、女子大生、キャリアウーマン、ミセスなどに絞り込んで想定し、有名人だけでなく、多様なライフスタイルを紹介することによって、読者が自分の生き方と比較したり、今後実際に取り組むべきヒントが得られるような多様なロールモデルを提供している。各人はおのおのライフステージに応じて、ロールモデルから生き方を学んでいるだろう。

生きる上で必要な「知」は、本来、両親をはじめとした大人たちをロールモデルとして、日々の暮らしの中で体験を通して蓄積されていくものである。しかし、高度情報化社会に生きる私たちは、学校教育とマスメディアから知識の大方を得ている。ロールモデルとの交渉や他者との相互行為と無縁の脆弱な存在基盤の上に積み上げられた知識は、多くの場合、人格を陶冶し、意識を変容させるような力を備えていないだろう。現代社会における倫理観の喪失の一因はそこにある。そして、このロールモデルを見いだせない青少年に対する支援の一つが、先に述べたメンタリング運動なのである。

ダニエル・ナガシマ前理事長（SGI-USA総合長）

本節の最後に、ナガシマ前理事長[19]へのインタビューから師弟不二に関わってうかがったお話をエピソードを交え紹介しよう。

ナガシマ前理事長には、三回まとまったインタビューさせていただいたが、そのほかにもロサンゼルスや東京でも何度かお会いし、ご挨拶申し上げる機会があった。

それらの折々、いつも印象的だったのは、ナガシマ前理事長は常に私たちよりも素早く、かつ低く頭を下げられ、続いて満面の笑みを浮かべて歓迎の言葉を述べられる。またインタビューの終了時には、何度かご一緒に写真を撮らせていただいたが、いつも真ん中に入ることのないようにお気づかいされ、さりげなくフレームの端に立たれるような方である。

前理事長は、1949年生まれ。入会は52年である。貧しい生活の中、母が熱心に信心していたが、子供の頃は創価学会が好きではなかったという。高校時代に勤行したり、会合に行ったりもしたが、なじめなかったという。

初めて（池田）先生にお会いして、本当に淡々と話されるんですね。当時1968年、昭和43年ですか、ですから先生もまだ40歳くらいですかね。今思うと40歳の先生が、当時、日大講堂が一杯でしたから、1万5千人以上いたと思いますよ。そこで、淡々と話されるんですけど、その一万数千人の学生さんたちの命をこう引き付けていく、何とも言えないその迫力と人間的な力に圧倒されたんですね。で、だから最初は憧れでしかなかったんです。何もわからなかったので。人間革命で変われるというその憧れの対象が池田先生だったんですね。そこから始まったんだと思います。それが昭和43年、1968年9月8日のことだったんですね。

ナガシマ前理事長は、1971年6月3日に海外に行くことを決意し、73年にハワイに行く。その後ロサンゼルスに移り、MBA（経営学修士）を取り、運送会社に勤務し永住権を取得した。ロサンゼルスからニューヨークと移動し、活動に打ち込んでいたとき、フェイズ2に出遭ったのであった。76年のニューヨーク総会に端を発したフェイズ2は、宗門問題と輻輳し大きな混乱となった。その当時、ニューヨークでは活動がなくなっていたので、現在アメリカ創価大学（SUA）学長として活躍するハブキさんなどの創価大学の第一期の卒業生たちが卒業後アメリカに来ていたので、彼らと集まって、聖教新聞に掲載された先生の指導の記事を切り抜く活動を毎週日曜に行っていたという。当時は本部に行かないと聖教新聞を読むことができなかった。

青年部が、実態がなくなってしまったので、本部でそういう集まりをしていましたですね。その時期、全米で混乱の時期でしたね。おそらく、ロス、ニューヨークだけではなくて。

その底流にあるのは、うちの運動というのは、本来は師弟というのが軸にあるべきなんですけれど、当時、おそらく、私たちも含めて、ＮＳＡと当時いってましたけど、師弟がしっかり理解できていなかったんだと思いますね。

とくにアメリカは、経済的にも政治的にも文化的にも大きな力を持っていたんで、当時のアメリカのリーダーがいつのまにか、自分たちのことは自分たちでできるんだと錯覚を持ち始めていた時代でもあったんですね。

その典型的な現れが、１９７５年のブルー・ハワイ・コンベンションである。序章で少し述べたように、ワイキキ・ビーチのど真ん中に浮島のステージを作って、大仕掛けなイベントが行われた。その華やかで壮大なコンベンションの大成功に、トップリーダーのウィリアムスは錯覚を持ち始めたのだという。

随方毘尼という、アメリカはアメリカの文化に従って、それを尊重しながら布教していくというのが、本来の仏教のあり方であるべきであったが、当時の日米関係では、アメリカがとてつもない力を持っていた時代であったから、そのアメリカでの一大イベントの成功によって、いつのまにか本来の宗教的なものを見失ってしまって、表面的なアメリカ化が行われたのだという。

これは、７６年以降８０年にかけてと、再び８５年以降９０年にかけての二度にわたって、本来、大聖人の仏法に備わる師弟のあり方から逸脱してしまった時代を繰り返したのだという。そして、師弟について、ナガシマ前理事長は次のように言葉を継いでいる。

本来は、一人一人の幸せとまた一人一人の幸せの輪が広がることによっての布教ですよね。それが、宗教は権威化してきますよね。やっぱり。なぜ師弟がうちの宗教運動で重要かというと、師弟に生きないと人間が権威化していってしまう。運動体の中で。師弟というのは、客観的に説明しにくいんですけど、あのー、師匠が、こうなんていうんでしょうかね、じつは弟子なんですよね。

今、池田会長は80歳ですよね。今のレクチャーをずっと読んでいただければわかるんですけど、戸田先生の指導、また大聖人の御書を軸にして、もちろん、世界のさまざまな識者、また歴史的な人物、また文化人の言葉を通して、その、一生に応えるという生き方を貫き、またそれを自分の人生で示し続けていく。常に仕えていく人生を示しているんですよね。

ですから、なんていうんでしょうかね、あの、仕えていく生き方の中に、自分を見つめる、自分を自制し、常に自分を成長させていこうという真摯な人間の生き方が生まれてくるんだと思うんですけれど。

ある意味で、創価学会の（会員の）生き方は、生涯、学生なんですよね。学生、学徒というか、学び続ける生き方なんですけど。で、それを、池田会長は自らの生き方を通して、学び続ける生き方を示している。

で、ところが、宗教のおっかない部分というのは、宗教的な権威が運動体になったときに、そこに必ず寄り添ってきますよね。

うちの子供を見ててわかるんですけども、最初に長女が生まれて、長男が生まれた。そこで二人の子供たちの間に権力闘争があるんですよね。親に認められたいとか。ところが、三番目の次女が生まれたときに、今度は政治闘争が始まるんですよね。三人の間でどうやって生き残っていくのか。自分の子供を例にたとえるのは、非常に残念なんですけど。人間が集まるところでは、二人いれば、残念なことにそこにね、どちらかが主導権を握るということが、起こりうる可能性があるわけですよね。三人になれば当然、そこで、政治的ないろんなものが生まれてくる。

学会の運動体もまったく同じことで、運動体の中で、どうしても政治と権力と戦っていく目、それと常に厳しい目で見つめあっていかなければ、健全な発展ができないんだと思うんですよね。その軸になる哲学が、師弟という哲学を、今、池田会長が残されようとしているのは、すべてを師弟という角度から法華経を見、師弟という角度から、大聖人の仏法を捉えるという展開なんだと思うんですけれども。

それがないと、永続性のある健全な宗教運動が続き得ないのかなと。それは結局、一人の人間が、いつのまにか何かの集団の中心になったときに、権力化してってしまうという、歴史の性ですよね。ありとあらゆる歴史を見たときに、その権力に人間がおぼれてってしまう。

で、そのおぼれていってしまう自分を自制し、自粛していく哲学、生きた哲学を名誉会長は、まあ、師弟っていう、師弟不二というようにいいますけど、普通の師弟関係は師匠が上にいて、弟子が下で、師匠が教えをとるということですけども、池田先生が言われる師弟は、師と弟子が同じ理想を共有して、師は理想に向かって戦っていく姿を弟子に示しながら、弟子は同じ理想に立って、師匠が求めて、師匠が戦っている姿をそのまんま、自分の、ですからなんていうか、ただついていいくのではなく、その師の意図するところを理解して、挑戦するというんですかね、それが仏法で言う師弟関係なんですけど。

日本の儒教的な、封建的な社会の中で養われた師弟関係は、なんとなく、師匠様のおっしゃる通りと考えられがちですけど、今、池田名誉会長が残されようとしている新しい仏法の哲学ですね。これは人間が死ぬまで求道者として、自分を自制できる生き方の、その規範としての師弟を残されようとしているんだと思うんですけど。

興味ふかいことに、ナガシマ前理事長が池田の指導から学んだリーダーの理想像は、会員に「奉仕するリーダー」であるということである。要は、NSAが陥っていた権威的なリーダー観とは反対の、リーダーとはメンバーに奉仕する人、仕える人であるということである。

この宗教運動は、一人の幸せのためにあるんだ。先生が一番強調されたのは、一人一人の幸せと家庭だった。だから、勤行は本部で集まってやるのではなく、家でやれ。奥さんと子供たちと、家庭を大事にしなさいと言われた。人は、宗教に仕えるんではなくて、本来、創価学会、大聖人の仏法というのは、人間に仕える宗教だ。一人の幸せのために宗教があるのだ。

4　奉仕するリーダーシップ

「サーバント・リーダーとは、そもそもサーバントである。」「まず、奉仕したい、奉仕することが第一だという自然な感情から始まる。それから、意識的な選択が働き、導きたいと思うようになるのだ。」

本当のサーバント・リーダーであるかどうかを「判断するのにもっともいい方法は次のような質問をすることだ。『奉仕されている人々は、人間として成長しているのか』『奉仕されることで、彼らはより健康になり、より賢くて自由で、自立した存在となって、自分自身もサーバントに近い存在となっているだろうか。』」（グリーンリーフ 2008: 54）

「サーバント」は、「召使い」や「従者」と訳されるが、「仕える人」、「奉仕する人」と捉えることもできる。サーバント・リーダーシップ[20]論で言われているのは、組織で上位に立つリーダーは、地位と権力によって傲慢になるのではなく、下位の人々に尽くしていくことが第一であるということである。

常識的な組織のリーダーシップを考えると、リーダーシップとサーバントは矛盾するように思われるかもしれないが、親が子供に対して抱く思いだと考えれば、わかりやすい。親は子供のために尽くしたいと思うのがまず第一で、その後に子供の人生のためにさまざまに導くことを考えるようになるということは、多くの人に即座に納得できる考え方であろう。

1960年代、日本的組織原理をいわば直輸入したSGI‐USAの権威主義的な組織は、フェイズ2で行き詰まった。SGIにおいて、メンバーがリーダーに自発的に倣うようにするためには、リーダーがメンバーに尽くすことが旧習を打破する方策となったのである。このように考えれば、1990年の池田の指導の中にサーバント・リーダーシップが提案されてもまったく不思議ではなかっただろう。そしてまた、このようなリーダー像は、91年に宗門と袂を分かつ以前には決して説くことができないものだった。

サーバント・リーダーシップを唱えたロバート・K・グリーンリーフは、アメリカの大手電話電信会社であるAT&Tでマネジメント研究センター長を務めた人物で、退職後の1970年に小冊子で論じたサーバント・リーダーシップが77年に書籍として出版された。グリーンリーフもベトナム反戦運動やヒッピー・ムーブメントのさなかで、若者たちが権力や既成の秩序に反抗する姿を見て、従来の権力を行使するリーダーシップではない新たなリーダーのあり方を求めたのである。そして、優れたリーダーは、集団の目標を実現するために、メンバーが行動しやすいようにメンバーに奉仕しなければならないと考えるに至った。

権威主義的管理システムに対抗して登場したサーバント・リーダーシップという考え方は、企業経営で参考にされているが、ここではその特徴として、次の二つの点に注目しておこう。[21] 第一に、もっとも重要な資源は人であると捉えることである。これまでのリーダーシップ論では、部下は管理の対象であり、目標達成に必要な資源と考え、その働きをチェック、査定する。しかし、サーバント・リーダーは部下の成功や成長のために努力する人である。部下の成果が出ないときでもあきらめずに忍耐強く持続的に支援しなければならない。部下はもっとも重要であるから、人材育成に努めなければならない。

第二に、サーバント・リーダーは、強制的な命令ではなく説得と対話によって目標を達成しようとする。組織内ですべての構成員と共感し、そして連帯し、コミュニティ形成する。これらの点こそは、まさに宗教組織の運営にふさわしいリーダー像であることがわかるだろう。

サーバントになるということは、たんにメンバーの言いなりに振る舞うことではない。たんなるサーバントになってしまっては、リーダーではなくなる。リーダーは、組織目標をしっかりと保持し、その達成のためにメンバーに仕えることが肝要である。リーダーのぶれない信念のもと、メンバーの意識を変えていかない限り、改革は実現しない。

SGIの目標とは、すなわち人間革命を成し遂げ、個人個人の人々が、そして、人類社会全体が幸せになることである。この理想を、池田は言語化し、教えとして機関紙誌で繰り返し論じ、会合でも繰り返し指導してきた。

しかし、百聞は一見に如かずであって、社会の現場に生きる生身の人間という実例から学ぶことができれば、メンバーは非常に納得しやすいはずである。だから、池田はロールモデルとなる必要があり、世界中を廻って四六時中、メンバーを激励する必要が生じ、届けられる手紙やFAXにメッセージを返さなければならない。

そして池田は、師である戸田城聖とともに歩み、その志を受け継いだように、メンバーとともに歩み、メンバーのロールモデルとなることでメンターとなるのである。そしてさらに、その師の信念に動かされ、弟子であるメンバーたちは広宣流布に励む。その際メンバーたちは、やはり他のメンバーのロールモデルとなるように、社会の中で実証を示しながら自らも幸せになることが求められるのである。

日本・創価学会の師弟について、クラーク・ストランド『ＳＧＩと世界宗教の誕生――アメリカ人ジャーナリストが見た創価学会』(2011) の中でも強調されている。

> 法華経において「師匠」とは、三界が「わが有《う》」であると悟り、内在する仏界を涌現させ、その大いなる生命力を他者と分かち合い、献身と慈愛に満ちた絆を結ぶ人である。そのような人にとって日蓮仏法の教えは、指導と激励を――とくに、まだ自分と同じところまで境涯を開いていない相手に対して――行うための哲理と智慧が無尽蔵に引き出せる宝庫だ。そして師匠が示してくれる最大の指導・激励とは、凡夫が今世で仏界を開けるという現実の模範である。(p. 172)
>
> 池田のような指導者の模範を見ているＳＧＩメンバーが、なぜ仏法の実証を生活の中で示せるのかも納得できる。「師匠」の示す模範を、自分も体現しようとするのがＳＧＩの「師弟」だからだ。(p. 173)

ここに述べられている「師弟」は、これまで述べてきたＳＧＩの mentor and disciple と同じものを指している。師匠、内在する仏界を涌現、生命力、他者との分かち合い、献身と慈愛、絆、指導と激励、境涯、哲理と智慧など、これらを理解できる仏教や文化についての素養がある日本人にとっては、ある程度の指導を受けることで、さらに理解することができることだろう。しかし、これらの文化的素養を持たないアメリカ人にとっては、このような「師弟」を理解することはかなり難しいことのように思われる。

師弟という言葉は、1967年に『聖教タイムス』にmaster and discipleとして登場したときには、日本の創価学会の師弟が直輸入され、SGI-USAに導入されたことであろう。しかしながら、カウンター・カルチャーの流れの中で、日本的な組織のあり方そのままではアメリカ人のメンバーには「師弟」は受け入れがたかったに違いない。

組織内において、フェイズ2の混乱を経たのちの新しいアメリカSGIの組織編成の中で、師弟はmaster and disciple（またはteacher and disciple）からmentor and discipleとなった。マスター（master）が奴隷制度を連想させるということからその言葉が避けられたというのは、たしかに直接的には大きな影響があったことであろう。しかし、メンター（mentor）が受容されたのは、たんに言葉の上だけの問題だけではない。

mentorは、メンタリング、ロールモデル、サーバント・リーダーシップなど、文化や社会の異なる日本ではあまりなじみのなかった考え方が、アメリカ社会で発見、普及、拡大していったときに、その受容された要素を用いて繰り返し説くことで受け入れられたmentor and discipleなのである。

キリスト教的倫理的預言に基づく宗教文化を持つアメリカで、模範的預言に基づく日蓮仏法の「師弟」は、メンタリング、ロールモデル、サーバント・リーダーシップと融合することによって、その概念をＳＧＩメンバーに浸透させることができたのではないだろうか。

宗教が異文化と接するとき、往々にして不幸なコンフリクトが生じると多くの人は考えるかもしれない。たしかに負の側面もグローバル化した現代社会に見られることは間違いない。師＝mentorについても、まだまだ多くのアメリカ人が誤解し、否定的な意味に捉えているかもしれない。

しかしながら、日本発の日蓮仏法は、多民族社会において新たな特質を備えた異体同心を生み、また日本にはない背景を踏まえた師弟不二を創出した。グローバル化した世界において生じた新たな状況の下で、その教えに新たな意味合いを付与したのではないだろうか。

それは、二十一世紀初頭、日蓮仏法が、異文化に適応できるＳＧＩブディズムに発展した証左の一つであると考えられる。この世紀が深々と進展するにつれ、ＳＧＩブディズムは、さらに新たな展開を見せることであろう。

あとがき

アメリカ人の多くが共感する曲がある。アメージング・グレースだ。賛美歌アメージング・グレースは、黒人奴隷貿易に関わった英国人、ジョン・ニュートンが奴隷貿易の船を降り、牧師となった数年後に作詞したものである。罪の贖い、赦し、神の恵みへの感謝が歌われている。

２０１５年６月、かつて奴隷取引で栄えた港町、サウスカロライナ州チャールストンで、白人至上主義の男に牧師ら黒人９人が射殺された。その追悼式で、スピーチをしていた第四十四代大統領バラク・オバマがこの有名な賛美歌アメージング・グレースを突然歌い始めた。たちまち参列者の黒人も白人も一緒になって総立ちの大合唱になったという。

そのオバマに代わり、第四十五代大統領に就任したドナルド・トランプは、アメリカファーストを連呼する。問答無用とばかりに強い言説が社会を覆い尽くそうとしている今、アメリカ合衆国と世界において、多様性を取り巻く状況は楽観できそうにない。

世界を見渡すと○○ファーストが横行し、民族・人種の多様性を尊重する多文化主義は瀕死の状況となってしまった。二十一世紀に入り、生物的特徴ではなく、文化的特徴による人種差別が生じてきた。文化が肯定的に捉えられる一方で、文化に基づく差異や隔絶が人間を分断させることにもなっている（ネグリ・ハート 2003）。

その象徴的な出来事が2016年6月23日に起きた。UKでEU離脱を問うた国民投票である。離脱票が過半数という結果に世界が驚愕した。EU懐疑主義を掲げるUK独立党に加えて、保守党の中でもジョンソン前ロンドン市長らの離脱派が国民世論に影響力を与えた。彼らは、移民や難民が社会保障にタダ乗りし、イギリス人から職を奪い、治安を悪化させている、英国の伝統的文化を希薄化させていると非難し、ブレクジット（UKのEU離脱）を主導した。一方、保守党のキャメロン首相（当時）ら残留派は、経済的な理由からEU残留を訴えた。しかし、その経済的な恩恵を受けるのはシティと呼ばれるロンドンの金融機関で働くダークスーツの人たちと富裕層で、労働者階級、低所得者には関係のないことであった。金融不安、EUの不安定化をもたらそうが無関係なのだ。また、EU官僚、独仏に主導される経済・政治体制を嫌った人も離脱票を入れた。

地方と都市部、将来を考える冷静な若者とUKは欧州とは違うと感情的な中高年、シティの人間と労働者階級といった分裂構造が国民投票で浮き彫りになった。そして、「人種差別は犯罪である」の標語のもとに多文化共生を探求してきたUKにおいて、国民投票後、残念なことに、人種差別、ヘイト・スピーチ、移民へのいやがらせがエスカレートした。

多様な人種が住んでいるUKもアメリカもメルティング・ポット（人種のるつぼ）ではない。メルト（融合）しておらず、モザイク、あるいはサラダ・ボール状態だ。民族や人種で分割されている地域がある。そして、今、多様な民族や人種の共生がますます困難な時代に突入した。

グローバル化の問題、異質な他者との共生の問題は、なにも欧米だけのものではない。日本にも浸透している現代的な問題だ。日本で生活する外国人たちの中には自分たちの信仰の場をつくりだす集団もある。日本全国に80ほどのモスクが存在し、約十万人のイスラム教徒が日本で生活している。その彼らも、東日本大震災の被災地に駆けつけ、カレーライスの炊き出しを行った。また、海外からも仏教系NGO、キリスト教系NGOなどさまざまな団体が被災地で支援活動をした。しかし、日常では、生活習慣の違い、価値観の衝突もある。異質な他者との「共生」の関係は、どのように構築されるのだろうか。

共生とは、「民族、言語、宗教、国籍、地域、地域、ジェンダー・セクシュアリティ、世代、病気・障がい等をふくむ、さまざまな違いを有する人々が、それぞれの文化やアイデンティティの多元性を互いに認めあい、対等な関係を築きながら、ともに生きる」ことを意味する（河森・栗本・志水2016）。グローバル化する現代、社会の枠組みが大きく変容している今日、「共生」は世界的なテーマである。

２０１６年から、ＵＫ国民投票、アメリカ大統領選、オランダ総選挙、フランス大統領選、ＵＫ総選挙など、ナショナリズムと移民の問題が争点の一つとなった。そこでは活発な議論がなされている。日本はどうか。さまざまな声が権力者に届いているか。人々のつながりが希薄になった現代、生きることに困難を感じている人がいる。行政主導のお上という「公」ではなく、つながり、支えあいによる社会を構築しようという動きも起きている。宗教者もそこに社会的力となって存在している。一方で、懸念されるのは、そのような市民の力を権力者が利用し、飼いならすことだ。市民と権力者のバランス、ほどよい距離感が大切であろう。

宗教は、長い歴史の中で権力との折衝を経験している。そこには貴重な教訓が含まれている。さまざまな領域で価値の亀裂が露呈している混迷の時代にこそ、世界の宗教と、また世界192ヵ国・地域に展開するSGIの行方を注視したい。

本書は、2005年8月から2015年3月までのアメリカSGI調査に基づくものである。ハワイ、ロサンゼルスのほか、ニューヨーク、シカゴ、マイアミ、ボストンを計15回訪問し、70人以上のSGIメンバーにインタビューを行うなど、調査を重ねてきた。

調査にあたり、SGI-USAとの間を仲介してくださった創価学会国際総局の寺崎広嗣さんと国際渉外局の長岡良幸さんをはじめ、国際渉外局のスタッフの多くの皆様に、大変お世話になりました。深く感謝しております。

また、ご協力いただいたSGI-USAのメンバーの方々、さらにまた、私たちの調査の期間、理事長であったダニエル・ナガシマ前理事長をはじめ、サンタモニカのSGIプラザに勤務するスタッフの皆様には、心より篤く御礼を申し上げます。とりわけ、ケイ吉川さん、アン・ミクスさんにはお世話になりました。

また末尾になりますが、新曜社の塩浦暲社長には、学術出版が非常に難しい時代にあって、専門書の出版社として定評のある新曜社より本書を刊行していただけることに深謝いたします。

なお、本書の執筆のための調査研究は、以下の研究助成によって遂行することが可能となった。一覧を記し、機会を与えられたことを謝するものである。

平成17-19年度科学研究費補助金（基盤研究（C））研究代表者：秋庭裕　研究分担者：川端亮・稲場圭信「グローバリゼーション状況における日本型新宗教の可能性についての比較社会学的検討」

平成20-22年度科学研究費補助金（基盤研究（B））研究代表者：秋庭裕　研究分担者：川端亮・稲場圭信「日本型新宗教のアメリカ合衆国における受容―グローバリゼーション下のSGIの展開」

平成23-27年度科学研究費補助金（基盤研究（B））研究代表者：秋庭裕　研究分担者：川端亮・稲場圭信「欧米多民族社会における日本型新宗教の受容と発展―新たな共同性と宗教の役割」

本書執筆のための調査および研究は、川端・稲場・秋庭の三名で行った。10年を超える研究期間の成果ということもあり、昨今の出版事情の中で一冊の書籍として出版するには大部になりすぎたため、二冊に分け出版することになった。したがって、一足先に新曜社から出版された、姉妹編の秋庭裕『アメリカ創価学会〈SGI-USA〉の55年』と併せて読んでいただくことで、より包括的な理解が得られるはずである。

また本書の大部分は書き下ろしたが、原型となった論文の初出は以下の通りである。いずれも大幅に修正、加筆している。

第1章1節
川端亮・秋庭裕・稲場圭信、2010「SGI-USAにおけるアメリカ化の進展――多民族社会における会員のインタビューから――」『宗教と社会』第16号、89-110。
第2章
Inaba, Keishin, 2004 "Conversion to New Religious Movements: Reassessment of Lofland/Skonovd Conversion Motifs and Lofland/Stark Conversion Process."『人間科学研究』第11巻第2号、33-47。
第4章
川端亮、2010「新宗教における二段階の英語化――SGI-USAの事例から――」『大阪大学大学院人間科学研究科紀要』第36巻、39-57。

川端　亮
稲場圭信

2017年7月

年表

西暦	SGI-USA関連の出来事	日本・創価学会の出来事や社会情勢など
1960	10月2日、池田がハワイ・北米・南米訪問。アメリカ総支部のもとにロサンゼルスとブラジルに支部が結成され、ハワイ、サンフランシスコなど、7地区が結成される。 *The Soka Gakkai* が出版。	5月3日、池田大作第3代会長に就任。
1961	8月、サンフランシスコ支部、シカゴ支部、ワシントン支部と23地区を結成。 11月、アメリカから68名が初の登山。	1月、池田が東アジア6カ国を訪問。 10月、池田がヨーロッパ9カ国訪問。 11月、公明政治連盟が発足。
1962	5月、*The Seikyo News* が創刊。	1月から2月、池田が中東を訪問。 1月、東洋学術研究所（現、東洋哲学研究所）が発足。
1963	1月、イースト・ロサンゼルスに会館が設置される。このころから英語での聖典の講義が始まる。 1月、アメリカで教学試験実施。 1月、ロサンゼルスでアメリカ総支部西部総会、ニューヨークでアメリカ総支部東部総会が開催。 5月、法人格を取得し、Soka Gakkai of America となる。 5月、ロサンゼルスの会館で英語による座談会が行われる。 7月、鼓笛隊結成。 8月、シカゴで第1回全米総会が開催され、1500名が参加。貞永がアメリカ総支部長に任命される。	1月、池田がアメリカ、欧州、中東、アジアを巡る世界一周の平和旅に出発。 **8月、ワシントン大行進。公民権運動のクライマックス。** 10月、民主音楽協会発足。 11月、第1回関西文化祭が甲子園球場で開催。

1964	8月、*World Tribune* が創刊、実質1500人が購読。 この年、8回にわたり計1200名が登山に。	4月、池田が日蓮正宗総講頭に就任。 4月、大客殿落慶。 10月、池田が東南アジア、中東、ヨーロッパ訪問の旅に出発。 11月、公明党結成。
1965	1月、第2回教学試験実施。 1月、*Seikyo Times* 創刊。 8月、エチワンダ妙法寺で起工式。 8月、ハワイ会館設置。 8月、ロサンゼルスで第2回全米総会を開催。2300名が参加。 *The Human Revolution*『人間革命』が刊行開始。	1月、『人間革命』連載開始、93年に全12巻完結。 7月、聖教新聞が日刊となる。 **ベトナム戦争にアメリカ軍が本格介入（1973年アメリカ軍の撤退）**
1966	1月、ハワイ会館開所式。 8月、ニューヨークで第3回全米総会、3400人が参加。 10月、ニューヨーク会館入仏。 12月、組織の名称が Nichiren Shoshu of America になる。	3月、壮年部の新設。 9月、関西文化祭（甲子園「雨の文化祭」と呼ばれる）開催。 11月、この年の目標600万世帯を達成。 年末、寺院は272カ寺、会館は230となる。
1967	2月、サンディエゴ会館開館。 5月、ハワイの寂光山本誓寺の入仏式。ロサンゼルス近郊のエチワンダの恵日山妙法寺が落慶。 8月、サンフランシスコ・コンベンション（第4回全米総会）、4000人が参加。 初めて鼓笛隊のコンサートが行われる。	1月、公明党が衆議院へ進出し、25議席獲得。 10月、正本堂着工。
1968	5月、シカゴ会館設置、海外で9番目。 8月、ハワイ・コンベンション（第5回全米総会）。 9月、サンタモニカのビーチフロントにて本部入仏式。 NSAセミナーが始まる。	4月、創価学園（創価中学・高校）開学。 9月、日中国交正常化提言。
1969	7月、「W. D. コンベンション」（第6回全米総会）がサンタモニカで開催。 *Hippy to Happy* が公開。	**6月、ストーンウォール暴動** 10月、正本堂定礎式。 「言論出版事件」。

1970	4月、ウィリアムスが初代理事長に任命される。 デンバー・コンベンションが開催。 教学試験にスペイン語の問題が加わる。	5月、「言論出版事件」をうけ、創価学会と公明党の分離を宣言。 組織を「地区ブロック制」に再編。
1971	7月、シアトル・コンベンション（「ウォーター・コンベンション」）。	4月、創価大学開学。
1972	5月、マリブ研修所開所。 5月、ロサンゼルス・コンベンション（「スペース・コンベンション」第9回全米総会）。 ワシントンDC妙宣寺落慶。 *The Human Revolution*『人間革命』が出版社を変更して再度出版。	5月、池田・トインビー対談の第1回目が行われる。 10月、大石寺に正本堂完成。正本堂完工式にて池田が「広布第二章」の開始を宣言。 11月、第35回本部総会が開催。
1973	組織の名称をNichiren Shoshu Academyに変更。 *NSA Quarterly*を創刊（77年まで）。 正本堂コンベンションに3千人を送り出す。 ニューヨークでは73-75年がストリート折伏の最盛期で、エンパイヤー支部とワシントンスクエア支部が競い合った。	5月、池田・トインビー対談の第2回目が行われる。 5月、ヨーロッパに「ヨーロッパ日蓮正宗会議」を設置。 8月、パン・アメリカン日蓮正宗リーグ（NSL）の結成を発表。 12月、「東南アジア仏教文化会議」が自主的に結成される。
1974	4月、サンディエゴ・コンベンション。 6月、*World Tribune*が月曜から金曜までの週に5回発行となる。	池田は、この年2回にわたり中国訪問する。またソ連も訪問。中ソの橋渡しを行う。 9月、日蓮正宗国際センター落成。 12月、創共協定。
1975	1月26日グァムにて創価学会インターナショナル（SGI）設立、世界51カ国代表が参加。 7月、ブルー・ハワイ・コンベンション。 この年の公称信者数は24万5千人。	5月、池田がフランス、イギリス、ソ連訪問へ。

1976	フェイズ2が始まる。 アメリカ建国200年祭の公式行事としてニューヨーク、ボストン、フィラデルフィアでコンベンションが開催。 四者体制の確立をめざすが、確立できず、結局2年半たらずで男子部、女子部は廃されることとなる。再結成は1982年。	
1977	サンフランシスコ・コンベンションが開催（参加者は1000名に達しなかった）。 10月、*World Tribune* の発行が週2日に変更。 この頃からストリート折伏が行われなくなり、入会者数は急減する。	1月、池田の講演「仏教史観を語る」が問題となる。「52年問題」。
1978	8月、シカゴ・コンベンション（第15回全米総会）が開催。	
1979	組織の名称が Nichiren Shoshu of America となる。 組織はノース・イースタン方面を加え7方面体制となる。 ロサンゼルスで第16回全米総会。 *The major writings of Nichiren Daishonin*『英文御書解説』vol.1が発刊される。	第一次宗門問題。 4月、池田は創価学会第三代会長を退き、名誉会長となる。 7月、日達第67代法主急逝。第68代日顕法主。
1980	組織の名称が Nichiren Shoshu Soka Gakkai of America となる。 1月、ニューヨークに妙説寺落慶。 10月、ロサンゼルスで第1回SGI総会開催。48カ国・地域の参加。 10月、シカゴで Capture the Spirit が開催。	
1981	6月、シカゴでSGI第1回世界平和文化祭開催。 6月、シカゴの妙行寺落慶法要。 8月、ホノルルで第2回SGI総会開催。 *Seikyo Times* の編集が東京からロサンゼルスに移される。	7月、北條会長急逝。

1982	ロサンゼルスで、第1回全米男子部総会開催。 ワシントンＤＣのコンベンション（Washington DC Rally）で1万人のパレードを行う。 3月、再び活動の機能的強化をめざして四者が結成される。人事を一新する。	3月、大阪で第1回関西青年平和文化祭を開催。「6段円塔」。 9月、埼玉で第2回世界平和文化祭、神奈川で第3回ＳＧＩ総会を開催。 **エイズという病名が命名される。**
1983	第1回全米女子部総会がアナハイムで開催。 *A Dictionary of Buddhist Terms and Concepts*『仏教用語辞典』が出版。 教学試験の改革。	8月、札幌で第3回世界平和文化祭、第4回ＳＧＩ総会を開催
1984	池田を迎え、サンディエゴ・コンベンションが開催。 7月、*SGI Newsletter* を海外に送り始める。	1月、池田法華講総講頭に復任。宗門との関係が一時的に収束。 9月、兵庫で第4回世界平和文化祭開催。 10月、和歌山で第5回ＳＧＩ総会開催。
1985	ハワイ・コンベンションを開催。 この頃にはストリート折伏が再活性化する。 Study Department が創設される。	7月、ハワイで第5回世界青年平和文化祭が開催。 10月、広島で第6回世界青年平和文化祭、第6回ＳＧＩ総会第一部が開催。 10月、岡山で第6回ＳＧＩ総会第二部が開催。
1986	ニューヨーク・コンベンションが開催。	10月、名古屋で第7回世界青年平和文化祭、第7回ＳＧＩ総会が開催。
1987	シアトルとフィラデルフィア・コンベンションが開催。	10月、福岡で第8回世界青年平和文化祭、第8回ＳＧＩ総会が開催。
1988	4月、ＳＧＩ三色旗が定められる。	1月、香港で第9回世界青年平和文化祭が開催。 9月、東京で第9回ＳＧＩ総会が開催。
1989	各総合方面で総会を開催。	10月、東京で第10回ＳＧＩ総会が開催。
1990	2月、池田がロサンゼルスに17日間滞在し指導する。 2月、ロサンゼルスで第11回ＳＧＩ総会開催。 2月、第1回 Central Exective Committee が開催。 2月、ＳＧＩ-ＵＳＡ綱領が定められる。	3月、ブラジルで第10回世界青年平和文化祭が開催。 7月、学会による宗門批判。 9月、埼玉で第12回ＳＧＩ総会が開催。 12月、第二次宗門問題。

1991	7月、組織の名称が Soka Gakkai International USA（SGI-USA）となる。 9月、池田、ハーバード大学で講演「ソフトパワーの時代と哲学」。	4月、友人葬の導入。 6月、トレッツで第13回SGI総会が開催。 10月、名古屋で第14回SGI総会が開催。 11月、日蓮正宗、創価学会に破門通告書を送付。創価学会は「魂の〝独立記念日〟」と位置づける。
1992	11月、ウィリアムスが理事長を退き、フレッド・ザイツが第2代理事長に就任。 ワシントンDCでジオリオの試行が始まる。	11月、東京で第15回SGI総会が開催。 **4月、ロス暴動が起こる。**
1993	9月、池田2回目のハーバード大学講演「21世紀文明と大乗仏教」。	2月、ブラジルで第16回SGI総会が開催。 2月、アルゼンチンで第11回世界青年平和文化祭が開催。 **8月、細川連立政権に公明党が参加。** 10月、東京で第17回SGI総会が開催。
1994	ジオリオが導入される。 *The major writings of Nichiren Daishonin*『英文御書解説』の第7巻が出版され172編の御書の翻訳が完成する。 *The New Human Revolution*『新・人間革命』の刊行が始まる。	6月、ミラノで第12回世界青年平和文化祭が開催。 6月、第18回SGI総会が開催。
1995	1月、ハワイで第13回世界青年平和文化祭、第19回SGI総会開催。 Diversity Committee を設立。	10月、広島で第14回世界青年平和文化祭、第20回SGI総会が開催。
1996	サンタモニカに「世界平和池田講堂」が竣工（口絵写真2参照）。 6月、フロリダ自然文化センター開所式、第21回SGI総会開催。 6月、ニューヨークで第15回世界青年平和文化祭開催。	池田がキューバを初訪問。

1997	1月、*Seikyo Times* に代わって *Living BUDDHISM* が創刊。 ジオリオの改革に沿って全国の組織構成を地区、支部、エリア、リージョン、ナショナルの5つのレベルに圧縮する。	**宗門が大客殿を解体。** 2月、香港で第16回世界青年平和文化祭、第22回SGI総会が開催。 11月、大阪で第17回世界青年平和文化祭、第23回SGI総会が開催。
1998	本部を現在のサンタモニカ・プラザに移転（口絵写真1参照）。	**宗門が正本堂を解体。** 11月、名古屋で第18回世界青年平和文化祭、第24回SGI総会が開催。
1999	12月、ザイツが理事長を退き、ダニエル・ナガシマが第3代理事長に就任。 日本人の全米婦人部長が引退し、初のアメリカ人による婦人部長が誕生。四者部長はすべてアメリカ人になる。 *The writings of Nichiren Daishonin*『英訳御書』vol. 1が出版。 *The Human Revolution*『人間革命』が12巻で完結。	9月、東京で第25回SGI総会が開催。 **10月、自民-公明の連立政権。**
2000	*The Wisdom of the Lotus Sutra*『法華経の知恵』vol. 1が出版。 全国組織の一番上のレベルに8つの zone（ゾーン）が設けられる。	11月、東京で第26回SGI総会が開催。
2001	5月、アメリカ創価大学（SUA）開学。	
2002	*The Soka Gakkai Dictionary of Buddhism*『創価学会版英文仏教辞典』出版	4月、創価学会は会則改正で脱「日蓮正宗」を明確化。 11月、東京で第27回SGI総会が開催。
2003	9月、海外で「SGI勤行」施行。 *The Wisdom of the Lotus Sutra*『法華経の知恵』vol. 6が出版。	9月、東京で第28回SGI総会が開催。

2004	*The record of the Orally Transmitted Teachings*『御義口伝』出版。 statistics record（統監システム）。 この頃より、アメリカでも本部幹部会のビデオを見るようになる。	9月、日本でも「SGI勤行」施行。御祈念文も改められる。 11月、東京で第29回SGI総会が開催。
2005		11月、東京で第30回SGI総会が開催。
2006	*The writings of Nichiren Daishonin*『英訳御書』vol. 2が出版。	
2007	会員数が10万人を超える。 全国組織の一番上のレベルに3つのterritory（方面）が設けられる。	
2008		
2009	1月、サンタモニカSGIプラザでMentor-Disciple Exhibition開始。	8月、衆院選の結果、公明党は野党に。
2010		
2011		
2012		12月、衆院選の結果、自公政権が復活。
2013		
2014	Champion District Projectが始まる。	
2015	アメリカ広布55周年。 9月、ナガシマが理事長を退き、アディン・ストラウスが第4代理事長に就任。アメリカ人初の理事長。	6月、アメリカ連邦最高裁判所が同性婚を合法とする。

注

序章　SGI-USAの歴史

［1］この章で記述した歴史については、参考文献を示したものを除き、秋庭（2017）によっている。

［2］SGIの創設は1975年であり、アメリカでSGI-USAという名称が正式に使われるようになるのは1991年である。それ以前はNSAという名称が使われていた（名称の変遷については第3章を参照）。本書の記述の多くの部分はNSA時代のことであるが、組織の名称としては基本的に現在のSGI、あるいはSGI-USAを用いる。

［3］井上は、1973年から76年までは、少なくとも毎月1500世帯から3000世帯が折伏によって入会していたが、77年の9月から12月までの三ヵ月で775世帯しか入会していないことから、77年頃を境にストリート折伏は中止されたという（井上 1985: 191-2）。しかし、80年代に再び盛んになる時期があるので、一時的とした。

［4］現在のSGI-USAにおいても日本の創価学会と同じく年齢階層別に、男子部、女子部があってそれを束ねる青年部があり、結婚したり年齢を重ねると壮年部、婦人部に移行する。それぞれ男子部長、女子部長、青年部長、壮年部長、婦人部長がおり、これらの組織を（五つあるが青年部を除いて）四者という。

［5］宗門問題、あるいは宗門事件とは、宗門である日蓮正宗とその信徒集団の「講」である創価学会の間において1970年代後半から表面化した軋轢・緊張関係をいう。第一次宗門問題によって79年4月、池田は創価学会会長を勇退し、第二次宗門問題によって1991年11月、創価学会は日蓮正宗の「破門通告書」によって「魂の独立」を果たした。第1章2節で紹介するように、宗門問題はSGI-USAのLGBTグループの創設にも関係するなどさまざまな影響を及ぼした。宗門問題の影響については、秋庭（2017）第3章に詳しい。

［6］正確には、1981年にはコンベンションは実施されていないが、6月にシカゴでSGI主催の第一回世界平和文化祭が実施された。これは「カプチャー・ザ・スピリット」を雛形として、規模を拡大したイベントで、出演者1200人、来賓500人、観客は2万人だった。この準備のため、ホノルル・ロサンゼルス・ダラス・マイアミで文化祭が予行演習をかねて開催されている。また同年8月には第二回SGI総会がホノルルで開催された。したがって、1981年にはSGI-USA主催のコンベンションは実施されなかったが、実質的にはSGI-USAが中心となって二度の大イベントと数次の文化祭を実施した。

［7］最初は、Rules of Religious Organization Soka Gakkai International - USA の名称で制定された。

［8］SGI-USAが公表した初期の会員数は、入会手続きを行った人の累計数であったが、現在は、日常的に地区組織に所属して活動に参加している会員数を掌握する「統監システム」によって把握されている数である。また、SGIも日本の創価学会と同様な信者組織になっており、20人程度の会員が地区を構成し、地区が集まって支部、さらには本部、総合本部を構成する。また年齢階層別の男子部、女子部、青年部、壮年部、婦人部にそれぞれ男子部長、女子部長、青年部長、壮年部長、婦人部長が、支部や本部、総

合本部ごとに置かれ、全国レベルではそれぞれの部長と理事長、副理事長がいる。

第1章　アメリカ合衆国における日蓮仏法

[1]「題目」とは、「南無妙法蓮華経」のことで、題目を（繰り返し）唱えることを「唱題」と言い、SGIメンバーのもっとも基本となる実践行である。

[2] インタビューは、2006年6月24日、および09年9月24日にサンタモニカのSGIプラザにおいて実施した。

[3] 叔父は、キング牧師と共に公民権運動を闘った社会運動家である。

[4] インタビューは、2008年6月26日にSGIシカゴ文化会館において実施した。

[5] "in the right place at the right time" は、ことわざ、格言のような表現である。

[6] シカゴ初のアフリカ系アメリカ人市長である、ハロルド・ワシントン市長。在任期間は1983-7年。

[7] 創価班は、青年部のメンバー有志によるグループで、イベントを遂行する際に生じる参加者の整理・誘導・連絡など運営業務のサポートを担う。

[8] 勤行は、御本尊を安置した仏壇の前で、朝晩、唱題と法華経の方便・寿量品の読誦を行うことである。創価学会の会員と同様、SGIのメンバーも唱題と勤行が信仰実践の基本である。

[9] 1977年からナショナルレベルで四者の活動を実施することが目指されたが、フェイズ2の影響が大きかったニューヨークやロサンゼルスでは機能しなかった。一方、シカゴはフェイズ2の影響が小さかったため、シカゴでは青年部や壮年部が機能していた。シカゴにおいてフェイズ2の影響があまり大きくな

かった理由は、秋庭（2017）第3章を参照。

［10］日本の創価学会は、１９５４（昭和29）年の東京日大グラウンドで開催された青年部の体育大会から始まり、１９６３（昭和38）年の甲子園球場で開かれた第一回関西文化祭に連なる文化祭に注力したが、アメリカSGIでは、同様にコンベンションが、１９６３年から１９８７年まで継続した。その第一回が開催されたのはシカゴである。

［11］２０００年の国勢調査 https: //www.census.gov/2010census/data/（2017. 7. 19）によると、合衆国全体では、白人が72・４％、アフリカ系12・６％であり、シカゴは白人の比率が低く、多民族的構成がより顕著に表れている。

［12］「異体同心事」（御書: 1463）を参照。『大白蓮華』（２００８年9月号：49-50）によると、「異体同心の「異体」とは、それぞれの個性、特質、立場等が異なることです。「同心」とは、一般的に言えば目的観や価値観が同じことです。また、高い目的観や価値観を実現していこうという意志が一致していることでもあります」とある。つまり、それぞれ個性があり、立場が異なる個々人が、その違いを押し殺して「同心」になるのではなく、一人一人の個性、可能性を最大限に発揮して、「広宣流布」を自分の使命として実践していく、信心における団結の重要性が強調されている。

［13］「異体同心」は、SGIにおいても１９７０年代には注［12］に示したように、広宣流布と結びついた日本における従来からの意味を直訳していたが、２００２年の翻訳では、Many in body, one in mind と訳されるようになり、近年では、Unity in diversity が使われることも多い。この点からも、本稿で取り上げた新たな意味は、近年明確化したものといえるだろう。詳しくは、第4章3節を参照。

[14] インタビューは、２００６年11月20日にＳＧＩニューヨーク文化会館において実施した。
[15] 池田のワシントンＤＣの訪問は、正確には１９８０年である。
[16] １９９１年に創価学会が日蓮正宗から破門されるまでは、日本の創価学会の会員と同じく、アメリカのメンバーも団体で日本の大石寺に参詣を行っていた。アメリカからの登山は、早くも１９６１年11月から行われていた。また１９９１年の宗門から独立後は、ＳＧＩメンバーが世界各国から日本での本部幹部会等に参加するようになっているが、どの国からも参加できる人数は限定されているため、熱心なメンバーにとって日本に行くことは、憧れである。
[17] １９８２年に開催された第二回世界平和文化祭のことである。
[18] ＬＧＢＴ（エル・ジー・ビー・ティー）とは、Lesbian, Gay, Bisexual, Transgender の頭文字をとった略語で、女性同性愛者、男性同性愛者、両性愛者、性転換者・異性装同性愛者などの人々を意味する。
[19] アメリカのＬＧＢＴの歴史については、渡部（2004）を参照し、要約したものである。
[20] プライド・パレードは、その後、各地に広がり、現在も毎年６月頃世界各地で行われているＬＧＢＴのパレードである。
[21] バックラッシュは、「反動」「はねかえり」の意味だが、とくにジェンダー問題の領域で、男女平等に反対する動きを指す。
[22] ハワイオアフ島、ロサンゼルス、ワシントンＤＣ、ニューヨーク、シカゴ、サンフランシスコの六ヵ所である。
[23] アメリカでは、２００４年にマサチューセッツ州で同性婚が認められて以降、各州にその動きが広がっ

ていき、2015年6月26日にアメリカの連邦最高裁判所は、全米で同性婚が合法であるとの判断を下した。調査時の2006年には、州によって同性婚が認められている州とそうでない州があった。本文中で、結婚式ができると言っているのは、SGIのメンバーなら、アメリカのどこの州に住んでいても同性のカップルの式をSGIが行ってくれるという意味ではない。SGIは州法で認められている場合に、州法で認められている名称で儀式を行うことを認めている（結婚式と呼ぶことができない州もある）。そして、そのSGIが行う結婚式自体には、たとえ異性婚であっても法的、公式に認められる権限を伴うものではなく、非公式な宣誓というような位置づけである。日本でいえば、地方自治体への婚姻届の提出が公的な手続きとすれば、ホテルや結婚式場、ディズニーランドでの式にあたる。それは、同性婚に限らず、異性婚においても同じで、家庭裁判所等での公的な手続きの後にSGIの式を行う。

[24] FNCCでは、四者や日本人、中国人、アフリカ系などの言語やエスニック・グループごとに集まる研修会が、金曜の夜から月曜の午前中まで開催される。これがカンファレンスである。

[25] 法華経法師品において説かれるところを、妙楽大師が『法華文句記』において、願兼於業と解釈した。「開目抄」には、「例せば小乗の菩薩の未断惑なるが願兼於業と申して・つくりたくなき罪なれども父母等の地獄に堕ちて大苦を・うくるを見てかた《形》のごとく其の業を造つて願つて地獄に堕ちて苦《くるしむ》に同じ苦に代れるを悦びとするがごとし」と述べられている（御書: 203）。

[26] 「王日女殿御返事」（御書: 1263、WND 1999: 1089）

[27] 「開目抄　下」（御書: 223）。他に「女人成仏抄」「千日尼御前御返事」「上野殿御消息」などにも女人成仏が明晰・明快に述べられている。なお、竜女の即身成仏は、法華経提婆達多品第十二に説かれている。

［28］「変性男子」説のこと。つまり、女性はいったん男になってからでないと成仏できないという思想。

［29］２００６年6月、私たちが初めてロサンゼルスを訪問し、アメリカで最初に参観させていただいたのがＬＧＢＴのメンバーのための座談会であった。しかし、とくに事前にはＬＧＢＴメンバー中心の集まりであることは聞かされていなかった。その、ハリウッドやビバリーヒルズに近い閑静な住宅地での会合では、20人弱の集まりに、ＬＧＢＴでないメンバーも自然に溶け込んでいるのが印象的だった。

［30］転重軽受とは、「重きを転じて軽く受く」ということ。涅槃経巻三十一に説かれた法門。正法を護持する功徳によって、過去世の重罪を転じて、現世で軽く、その報いを受けるということ（池田 2007: 141）。

第2章　ＳＧＩ－ＵＳＡへの入信と回心過程

［1］本章では、回心とは「ある人の自己の変容を意味し、その人の根本的な意味体系の変容と同時に発生する」もので、回心は、「当事者の世界に対する見方を変えることで、その人の社会の残りの部分についての感じ方と、社会の中で個人的な位置づけを変容させる」（マクガイア 2008: 122）過程として定義し、この定義に基づき考察している。

［2］本章は、２００６、０７年の間に実施した30人ほどの聞き取り調査の中から、主として、戦争花嫁や日系人のメンバーを除いた20人の聞き取り調査の分析である。聞き取り時間は、ほとんどが一人あたり一時間半から二時間であったが、それよりも短いものもあった。人種、職業、人生経験の上で多様性を持った会員の聞き取り調査をしたいとＳＧＩ側に依頼したために、年齢構成の上では、以下のように50代が多く、信仰歴では30年以上が多い。30代4名、40代5名、50代9名、60代2名、信仰歴10年以下2名、11年以上

15年以下1名、16年以上20年以下1名、21年以上25年以下1名、26年以上30年以下3名、31年以上35年以下7名、36年以上40年以下5名。14人が女性、6人が男性である。

[3] 1970年代、80年代のストリート折伏では、たしかに多くの入会者があった。しかし、私たちがインタビューしたメンバーには、ストリート折伏で入会した人は少なかった。私たちがインタビューしたメンバーは、信仰歴が長い人が多かったことから、ストリート折伏で入会した人たちの多くが長く信仰を続けられなかったということであろう。

[4] 本調査では、インフォーマントから学術利用として活字にすることに了承を得てはいるが、本章では、インフォーマントの本名ではなく仮名とし、さらに、ロサンゼルスの会員は(LA)、ニューヨークの会員は(NY)と表記した。SGI職員も一部含まれているが、本章ではSGIの歴史や組織に直接関係なく個人の信仰史について分析しているので、それらの人も含めてすべて仮名としている。

[5] 池田大作は、創価学会第三代会長であり、名誉会長であるが、SGIでは会長である。インタビューでは、多くの人はPresident IkedaかあるいはSenseiと言っていたので、池田会長か、または先生、あるいは池田先生と表記する。

[6] ロフランド=スターク・モデルでは、第二と第三の条件は、入会する宗教に接触する以前からこれらの傾向を持っていたという条件であるが、本章が基づく過去を振り返った回顧的なインタビューで、入会以前にそのような傾向があったかどうかを確認することは、厳密に言えば調査方法的に困難である。そこで本章では、入会して題目を唱え始め、初心の功徳を得て、信仰を継続し始めるまでの間の出来事に、創価学会の教えに沿った意味を見いだそうとし、その教えに沿った行動を継続することとし、時間的条件をゆ

るめて用いる。すなわち、入会以前からそのような傾向があったかどうかよりも、結果的に入会後に宗教的な解釈を行ったり、行動をとるかどうかを重視する。

［7］トリラトナ仏教団（正式名称The Triratna Buddhist Order。２０１０年にThe Friends of the Western Buddhist Orderから名称変更）は、インドにおいて上座部仏教やチベット密教を二十年ほど学び修行をしたサンガラクシタ（本名、デニス・リングウッド、１９２５-）が、１９６７年にイギリスで始めた仏教運動。どの宗派にも属さず、上座部仏教、大乗仏教、チベット密教、禅などさまざまなものを取り入れて、現代社会に適した形で修行している。数をかぞえて呼吸に意識を集中させる瞑想（数息観）や、利他愛を強調して慈愛の心を育てる瞑想が修行の中心である。

［8］ジーザス・アーミー（The Jesus Army）は、バプティスト教会の牧師ノエル・スタントン（1926-2009）が、聖霊に満たされるという体験を発端に、１９６９年に始めた宗教運動。聖書に基づいた厳格で質素な生活を送り、麻薬中毒者、アルコール中毒者や社会的弱者に対して積極的に伝道をしている。

［9］ＳＧＩの会館運営に奉仕する女子部のグループのこと。

［10］これは、願兼於業として捉えられるだろう。

第3章　組織のアメリカ化

［1］アメリカ全土は広く、組織内の役職者の呼称や実際の運用方法などは、地域によって異なっている面も存在したようである。この章では、できるだけＳＧＩ-ＵＳＡの公式な出版物（『ワールド・トリビューン』や『リビング・ブディズム』など）に基づき、公的な変遷を描くことを試みるが、一部はロサンゼルスを

中心とする本部職員のインタビューに基づいている部分もある。

[2] 1963年の二つのアメリカの総支部は、南米総支部、ヨーロッパ総支部とともに、欧米本部に所属することになる。しかし、翌64年には、アメリカ本部はヨーロッパや南米から独立する。

[3] これ以来(第一次宗門問題後の1980年まで)、組織名には創価学会という言葉は入らず、日蓮正宗という名前が組織名の一部に入るようになった。

[4] Williams 1972, Appendix 3 による。

[5] SGIが設立されたのは1975年であり、アメリカでSGI-USAという名称が正式に使われるようになるのは、後に述べるように1991年からである。つまり本書の記述の多くはNSA時代のことであるが、本書では組織全体の名称は基本的には現在のSGIを用いている。

[6] しかしながら、多くの人のインタビューを聞いている限りでは、日本語のリーダー名もその後、一切使われなくなっているようではなかった。

[7] NSAセミナーと称される講義が1968年から1974年まで行われた。詳しくは第4章2節を参照。

[8] 1975年の公称信者数は24万5千人である(ウィリアムス 1989: 255)。

[9] 1960年、65年、70年の割合は(Williams 1972, Appendix 3 NSA Demographics)に基づく。72年にJ・オーが西海岸、シカゴ、ニューヨークでランダムサンプリングによる調査を行い1000票を配布し、有効回答700を得ており、日本人・日系人は、9・3%となっている(Oh 1973: 174)。79年のY・パークスの調査は、ロサンゼルスとニューヨークと南部の町で会員の会合に参加して配布され、回収された調査で、インタビュー結果も含むものである。この調査での日本人・日系人の割合は20・4%であ

る（Parks 1980: 346）。８１年の井上の調査は、カリフォルニアの会員からの回答によるもので、日系人の割合は14％で、純然たる日系人の割合は９％であるとしている（井上 1985）。

［10］当時からすでに壮年部、婦人部、男子部、女子部という年齢と性別による四者の組織はあったが、形式的であり、その役割をメンバーに浸透し、実質的に機能させるような公式的な動きはあまりなかったという。つまり、実質的には機能していなかったのではないかと思われる。

［11］フェイズ２は、１９７０年代半ばから始まる組織の停滞期である。「序章」のフェイズ２の項を参照。

［12］このときの女子部長は、母は沖縄出身で、父は日系二世ではあったが、教育はアメリカで受けており、自身の母語も英語であり、日本人ではなくアメリカ人といってよい。

［13］ニューヨークでは、フェイズ２のときに支部長などのリーダーのほとんどがメンバーを辞めるなど、組織は壊滅的な打撃を受けた。会合にも数十名しか集まらない時期が数年続いたという。

［14］コンベンションについては、序章のコンベンションの節を参照。

［15］フェイズ２までの時期は、極端にいえば、教学よりも折伏やコンベンションの活動に力が注がれていたといえる。フェイズ２の１９７８年に着任した教学室長（study bureau chief）の下で、教学に力を入れ、信仰の基礎をしっかり作るという方向性が改めて打ち出された。この動きが８３年の教学試験の改革、８５年のstudy department の創設につながっていく。

［16］このときの総支部の廃止は、フェイズ２によるメンバー数の減少により、総支部をなくしたのではなく、支部と本部のリーダーが直接コミュニケーションできるようにするために総支部をなくしたほうがよいと判断されたからだという。

[17] フェイズ2の原因の一つとして、SGIのメンバー全体の中では、日本人の占める割合は2割程度に減少しているのに対して、組織の上位の役職の多くは草創期から活動してきた日本人が占め続けていることが民主的でないというアメリカ人からの批判があった。

[18] フェイズ2に入って以降、折伏数は毎年数千人程度であったが、1984年から88年にかけては、折伏数が急増し、毎年およそ3万人から8万人といった数で、この5年間の折伏数の合計はおよそ30万人に達したという。

[19] 第1回のメンバーは、19人中女性は2人だけだったという。

[20] これらの会議とその構成等については、主として、2008年12月17日のナガシマ前理事長へのインタビューに基づく。

[21] 1991年11月に日蓮正宗は創価学会を「破門」した。このため、以降、Nichiren Shoshu の名前を冠したNSAという名称をやめ、SGI-USAとなった。

[22] 8つのゾーンは、中央（Central）、中部アトランティック（Mid Atlantic）、北東（North Eastern）、北西（North Western）、太平洋（Pacific）、南（Southern）、南カリフォルニア（Southern California）、西（Western）の各ゾーンである。

[23] ジオリオについての多くは、2014年3月19日の担当者へのインタビューによる。

[24] 新宗教の組織構成については、西山（1990）を、創価学会のタテ線からヨコ線への変更については、中野（1990）を参照。

[25] 1994年以前に限られた地域でジオリオが試行された。ワシントンDCでは、92年にジオリオの試

行が始まっている（WT, Nov. 8, 1996）。

［26］移行に伴う組織編成は、後に述べるように何度にもわたって実施されるが、移行の第一段階は１９９７年に終了している。

［27］新しい地区に所属することをいやがり、従来からの地区に所属し続ける人もいたため、近隣の地区への所属は強制されたものではなく、数ヵ月という単位の時間をかけて新しい所属に移ることが促された。

［28］アメリカでは、ブロックは普通は通りと通りに挟まれた一区画を指すので、「(地区) ブロック制」という言葉は使われていない。

［29］社員数のわりに会議が多く、面倒見もよくないというような効率の悪い二つの会社が、激しい競争の環境下で生き延びるためには、二つの会社は合併してダウンサイズし、会議や設備を集約して、コスト削減を図るであろう。ＳＧＩ‐ＵＳＡの一つの支部を二つの支部に分割する動きは、まさにこの合併とは反対の動きであり、組織としてのロスは大きい。

［30］これらの数は、ＳＧＩ‐ＵＳＡリーダーシップ・マニュアルとして定められた。現在のマニュアルはSoka Gakkai International-USA（2017）を参照。さらに地区は2から3グループ、一グループは10から20人で、その数は座談会への平均出席者数とするとなっており、グループの人数が増えることで地区が分割され、地区数が増えることで支部以上の組織が増えることが明記されている。

［31］図３‐10に示された現在の組織構成が定まった２００７年以降の新入会のメンバー数は、２００７年はおよそ7千世帯で、０８年には8千世帯、０９年には1万世帯を越えているなど、近年は折伏が順調に拡大しているという。

第4章　二段階のアメリカ化 ―― 翻訳の重要性再考

［1］当時の理事長であるウィリアムスは、フェイズ2は日本の創価学会の路線変更の影響を受けた面があったと述べているが（ウィリアムス 1989: 273-311）、日本とアメリカでは組織の発展段階が大きく異なっていたため、組織は混乱したと考えられる。またパークスは、この停滞期について、アメリカ化の進展から述べている。ＳＧＩは１９７０年代の終わり頃までに、若い人々が主導してアメリカ化の第三段階に入ったという。ニューヨークで何人かのメンバーが造反したが、７９年には日本人とアメリカ人のリーダーが協力して、より発展できる方法の模索に入ったとしている（Parks 1980: 341）。

［2］ＳＧＩ‐ＵＳＡ提供の資料では、１９６５年には88であった地区の数は、７６年には９３０になっている。支部の数も23から３０５に増えている。

［3］１９６３年には池田がロサンゼルスを訪問し、イースト・ロサンゼルスの小学校を借りて、口頭で尋ねる形式も含まれた教学試験を実施した。教学試験は、ハワイのホノルル、ニューヨーク、シカゴなどのアメリカの都市のほか、パリ、ローマ、ストックホルムも含めて20都市で実施された。５問の論述式の質問を紙に印刷し、解答と採点基準が決められ、日米両言語で試験が実施されるのは、６５年からである。７０年には、スペイン語の問題が加わるようになる。

［4］イースト・ロサンゼルスの会館は椅子なしで約１００人を収容できる仏間を備えていたから、１９６７年に英語の講義の参加者は１００人を超える規模であったと推測できる。

［5］秋庭（2017）の第1章5節にキクムラさんのライフヒストリーが描かれている。

［6］依正不二とは、人間（正報）とその人間を取り巻く環境（依報）は、別々のものではあるが、究極的には一体であることをいう（御書: 563, 1140などを参照）。より広くには、二つの別のものであるけれども、じつは分かちがたく関連していることをいったり、環境と不可分な自分自身の生命が変わることによって、自分と一体の社会も変革していけることなども意味している。

［7］当時は実質、1500人が講読していたという。

［8］その3ページの英語は、英語がネイティブな人から見ればまだ、ネイティブが書くような英語ではなかったという。

［9］サイズは、1981年には12ページのタブロイドサイズに戻り、83年には、16ページで週に二回の発行になる。86年には、大きなサイズになり、87年にはサイズが変わり、8ページで週に一回となり、98年に現在と同じタブロイド判になり、2008年5月3日号から現在のデザインになった。

［10］1965年10月より月に三回の発行になったのち、67年には二ヵ月に一回の発行になり、68年には、月に一回の発行に戻る。

［11］中牧は、ブラジルのPL教団の布教の中で、二代教主の著作のポルトガル語訳においては、登場する日本人の人名がポルトガル人にわかりやすい人に、たとえば、野球の王・長島が引用されるときは、サッカーのペレとソクラテスに置き換えられていることなどが示されている（中牧 1986: 154-8）。

［12］2010年以降も10冊以上の英訳本が出版されているが、それ以上に注目されるのは英語だけでなく、中国語、スペイン語、ポルトガル語、イタリア語、インドネシア語などの多数の国の言語に多くの著作が翻訳されていることである。

［13］１９９１年３月にはスペイン語で、９月には中国語で毎日配信されるようになった。『ＳＧＩニュースレター』については、２００９年５月18日の聖典翻訳部門の担当者へのインタビューによる。

［14］また、翻訳が大きく変わった例として、「十界」の各界の翻訳がある。最初は、Hell（地獄界）、Hunger（餓鬼界）、Animality（畜生界）、Anger（修羅界）、Humanity（人界）、Heaven（天界）、Learning（声聞界）、Realization（縁覚界）、Bodhisattva（菩薩界）、Buddhahood（仏界）という英訳を使っていたが、その英訳は、次のように変更された。The worlds of hell, hungry spirits, animals, asuras, human beings, heavenly beings, voice-hearers, cause-awakened ones, bodhisattvas, and buddhahood.

［15］たとえば最近の英語では、ジェンダーの観点から、chairman（議長、司会者）をchairpersonというように変化してきている。このような変化もまた、ＳＧＩの翻訳では考慮に入れられ、訳文が変更されたりしている。

第５章　アメリカにおける師弟不二

［１］秋庭（2017）では、第１章の終わりから第２章の初めにかけてヒッピー文化やカウンター・カルチャーの影響を詳述している。

［２］インタビューは、２００７年12月27日にサンタモニカのＳＧＩプラザで実施した。

［３］ＮＳＡセミナーについては第４章３節を参照のこと。

［４］１９７０年代の日本・創価学会の状況については、秋庭（2017）第３章「五十二年路線問題」の節を参照。

［５］このときの指導を含む１９９０年から９６年までの６回のアメリカ訪問時の指導は、『親愛なるアメリカ

の友へ』としてまとめられ、２００１年に英語版が、２００６年に日本語版が刊行されている。その内容については、秋庭（2017）第４章を参照のこと。

［６］ナガシマ前理事長には、２００７年２月19日、０８年12月17日、０９年９月23日の三回にわたって、サンタモニカのＳＧＩプラザでインタビューを行った。この回想は、０９年のインタビュー時のものである。

［７］master のように、使用すると文化的に問題を起こす用語は他にもある。たとえば、メンバーの中に以前の宗教（多くはキリスト教）に反感を持っていて、ＳＧＩに入会した人もいる。それらの人は、キリスト教（すなわち宗教）を連想させるような言葉が嫌いだという場合がある。faith（信心）や belief（信仰）と聞くとキリスト教のよくないところを思い出すので、faith を使わないようにしてほしい、また pray（祈り）もよくないという人もいるそうである。しかしながら、faith, belief, pray などの言葉は他の英語に置き換えることも難しいため、ＳＧＩでもこれらの言葉を使用している。このように文化と深く結びついているので、宗教用語の翻訳は難しい。

［８］master から teacher や mentor への変更の理由は、２００９年５月18日の日本・創価学会の翻訳部門の担当者へのインタビューによる。

［９］『ＳＧＩニュースレター』は、１９８４年７月３日創刊で、当初は週刊で日本から海外に送られた。８９年５月から日刊となり、ＦＡＸで送られるようになった。現在は電子メールで送られている。また、８９年３月にはスペイン語でも送られるようになり、９１年３月にはスペイン語も日刊となった。そして同じく９１年９月からは中国語でも毎日配信されるようになった。『ＳＧＩニュースレター』については、２００９年５月18日の聖典翻訳部門の担当者へのインタビューによる。

［10］日本では、1999年に日本メンター協会が設立され、2000年前後に、アメリカのビジネスの現場から日本のビジネスの世界に導入されてきたが、日本社会にはまだ広く浸透していないというのが現状ではないかと思われる。

［11］WNDの二巻本は、現在ではインターネット上に公開されている。http://www.nichirenlibrary.org/en/wnd-1/toc/（2016年12月19日アクセス）そこで師弟はteacher and discipleという語がもっとも多く使われており、master and discipleも数か所使われているが、mentorという言葉は6ヵ所に使われているだけで、mentor and discipleという言葉では使われていない。

［12］私たちは2009年にフロリダ自然文化センターで、15年3月にはサンタモニカのSGIプラザでも見学した。メンバーであっても見学には事前予約が必要で、公開から7年たった2015年でも毎日のように見学者が訪れている。

［13］この二つの引用は、展示最初のパネルの、正面に池田夫妻の写真、向かって左側に牧口と戸田の師弟の写真、向かって右側に戸田と池田の師弟の写真の展示につけられた英文の日本語訳である。

［14］タリク・ハサン最高協議会議長へのインタビューは、2013年12月1日にニューヨーク文化会館で実施した。当時は、副理事長、最高執行責任者（Senior vice General Director）であった。彼は、AT&Tのベル研究所で29年間勤務したのち、2008年からSGI職員になった。

［15］2007年からは、広宣流布の第二幕と位置づけられている。その2007年からインタビューした2013年までの6年間を指している。なお、2013年には3800人のアメリカ青年部員が誕生したという。

[16] クララさん（仮名）へのインタビューは２００６年11月19日にニューヨーク文化会館で行った。

[17] キャシーさん（仮名）へのインタビューは、２００６年６月27日にサンタモニカのＳＧＩプラザで行った。

[18] この女性に対するインタビューは、２００６年６月24日にサンタモニカのＳＧＩプラザで行った。

[19] ここでは、主として２００８年12月17日のインタビューに基づき、一部は０９年９月23日のインタビューも用いている。

[20] サーバント・リーダーシップについては、池田・金井（2007）の「Ｉ サーバント・リーダーシップとは何か」（pp. 20-88）に依っている。

[21] 以下の二つの特徴は、劉（2008）によるサーバント・リーダーの特徴のまとめに依っている。

著者略歴

川端　亮（かわばた　あきら）
1959年　大阪府生まれ
1984年　京都大学文学部卒業
1989年　大阪大学大学院博士後期課程単位修得退学
現　在　大阪大学人間科学研究科教授、博士（人間科学）
著　書　『霊能のリアリティへ』（秋庭裕との共著、2004年）他

稲場　圭信（いなば　けいしん）
1969年　東京都生まれ
1995年　東京大学文学部卒業
2000年　ロンドン大学大学院博士課程修了
現　在　大阪大学人間科学研究科教授、博士（宗教社会学）
著　書　『利他主義と宗教』（弘文堂、2011年）他

新曜社

アメリカ創価学会における異体同心
二段階の現地化

初版第1刷発行　2018年1月15日

著　者　川端　亮・稲場　圭信
発行者　塩浦　暲
発行所　株式会社　新曜社
101-0051　東京都千代田区神田神保町3－9
電話（03)3264-4973（代）・FAX（03)3239-2958
e-mail : info@shin-yo-sha.co.jp
URL : http://www.shin-yo-sha.co.jp

組版所　Katzen House
印　刷　新日本印刷
製　本　イマヰ製本所

ISBN978-4-7885-1552-9 C1036

索　引

■さ行

■た行

■わ行

参考文献一覧

秋庭裕 2014.「SGI-USAの50年（1）ハワイから西海岸まで ── アメリカ合衆国における創価学会インタナショナル ── 」『人間科学：大阪府立大学紀要』第9号, 63-99.

秋庭裕 2017.『アメリカ創価学会〈SGI-USA〉の55年』新曜社.

秋庭裕・川端亮 2004.『霊能のリアリティへ ── 社会学、真如苑に入る』新曜社.

秋庭裕・川端亮 2008.「ハワイからスタートしたSGI」『宗教と現代がわかる本2008』平凡社, 168-73.

Beckford, James, 1978. "Accounting for Conversion," *British Journal of Sociology, 29*(2), 249-62.

Bellah, Robert N. et al., 1991. *The Good Society*, New York: Alfred A. Knopf.

Chappell, D. W., 2000. "Socially Inclusive Buddhists in America." In Machacek, D. and B. Wilson, *Global Citizens: The Soka Gakkai Buddhist Movement in the World*. Oxford: Oxford University Press, 299-325.

Clarke, Peter, ed., 1987. *The New Evangelists: Recruitment Method and Aims of New Religious Movements*, London: Ethnographica.

Dator, J. A., 1969. *Sokagakkai, Builders of the Third Civilization*. Seattle and London: University of Washington Press.

Dawson, Lorne, 1990. "Self-Affirmation, Freedom, and Rationality: Theoretically Elaborating 'Active' Conversions," *Journal for the Scientific Study of Religion, 29*(2), 141-63.

Glock, Charles and Rodney Stark, 1965. *Religion and Society in Tension*. Chicago: Rand McNally.

グリーンリーフ, ロバート・K.（金井壽宏監訳, 金井真弓訳）2008.『サーバントリーダーシップ』英治出版.

ハモンド, P.・マハチェク, D.（栗原淑江訳）2000.『アメリカの創価学会 ── 適応と転換をめぐる社会学的考察』紀伊国屋書店.（Hammond, P. and Machacek, D., 1999 *Soka Gakkai in America: Accommodation and Conversion*, New York: Oxford University Press.）

堀日亨編 1952.『日蓮大聖人御書全集』創価学会（第241刷, 2005年）.
Hurst, Jane, 1992. *Nichiren Shoshu Buddhism and the Soka Gakkai in America: The Ethos of a New Religious Movement*, Garland.
池田大作 1965.『人間革命』第1巻, 聖教新聞社.（Ikeda Daisaku, 1968. *The Human Revolution vol.1*, Tokyo: The Seikyo Press.）
池田大作 2003.『新・人間革命』第1巻（聖教ワイド文庫）, 聖教新聞社.（Ikeda Daisaku, 1995. *The New Human Revolution vol.1*, Santa Monica: World Tibune Press.）
池田大作 2004.『御書の世界』第2巻, 聖教新聞社.
池田大作 2006.『親愛なるアメリカの友へ 1990-1996年 北米訪問指導・スピーチ集』ワールドトリビューン・プレス.（Ikeda, Daisaku 2001. *May My Friends in America: Collected U. S. Addresses 1990-96*, Santa Monica: World Tribune Press.）
池田大作 2007.『一生成仏抄講義』聖教新聞社.
池田大作・トインビー , アーノルド 1975.『二十一世紀への対話』上・下, 文藝春秋［新装版として, 池田大作・トインビー , アーノルド, 2002・2003・2003.『二十一世紀への対話　上・中・下』（聖教ワイド文庫）聖教新聞社.］（Ikeda, Daisaku and Toynbee, Arnold, 1976. *Choose Life: A Dialogue*, London: Oxford University Press.）.
池田守男・金井壽宏 2007.『サーバント・リーダーシップ入門』かんき出版.
Inaba, Keishin, 2004a. *Altruism in New Religious Movements: The Jesus Army and the Friends of the Buddhist Order in Britain*, Okayama: University Education Press.
Inaba, Keishin, 2004b. "Conversion to New Religious Movements: Reassessment of Lofland/Skonovd Conversion Motifs and Lofland/Stark Conversion Process."『人間科学研究』第11巻第2号, 33-47.
井上順孝 1985.『海を渡った日本宗教 ── 移民社会の内と外』弘文堂.
伊藤雅之 1997.「入信の社会学 ── その現状と課題」『社会学評論』*48*(2), 158-76.
川端亮 2010.「新宗教における二段階の英語化 ── SGI-USA の事例から」『大阪大学大学院人間科学研究科紀要』第36巻, 39-57.
川端亮・秋庭裕・稲場圭信 2010.「SGI-USA におけるアメリカ化の進展 ── 多民族社会における会員のインタビューから」『宗教と社会』第16号, 89-110.
河森正人・栗本英世・志水宏吉 2016.『共生学が創る世界』大阪大学出版会.
リュープ, ゲイリー・P.（藤田真利子訳）2014.『男色の日本史 ── なぜ世界有数の同性愛文化が栄えたのか』作品社.

Lofland, John and Rodney Stark, 1965. "Becoming a World-Saver: A Theory of Conversion to a Deviant Perspective," *American Sociological Review, 30*, 862-75.
マクガイア, メレディス・B.（山中弘・伊藤雅之・岡本亮輔訳）2008.『宗教社会学 ── 宗教と社会のダイナミックス』明石書店.（McGuire, Meredith B., 1997. *Religion: The Social Context: Fourth edition*, Belmont, CA: Wadsworth Publishing Company.）
央忠邦・浅野秀満 1972.『アメリカの日蓮正宗』仙石出版.
中牧弘允 1986.『新世界の日本宗教 ── 日本の神々と異文明』平凡社.
中野毅 1984.「アメリカ社会とNSA（2）」『講座・教学研究』第4集, 東洋哲学研究所, 175-189.
中野毅 1990.「Ⅲ教団　1組織　教団の組織　創価学会」井上順孝他編『新宗教事典』弘文堂, 141-4.
中野毅・粟津賢太 1996.「アメリカ合衆国およびメキシコ合衆国におけるSGI運動 ── 現地調査報告(1)」『比較文化研究』14巻, 155-203.
ネグリ, A.・ハート, M.（水嶋一憲訳）2003.『帝国 ── グローバル化の世界秩序とマルチチュードの可能性』以文社.
Nichiren Shoshu International Center, 1983. *A Dictionary of Buddhist Terms and Concepts*, Tokyo: Nichiren Shoshu International Center.
西山茂 1990.「Ⅲ教団　1組織　組織の多様性」井上順孝他編『新宗教事典』弘文堂, 132-7.
西山茂 2012.「日本の新宗教における自利利他連結転換装置」『東洋学研究』*49*, 49-59.
オバマ, B.（白倉三紀子・木内裕也訳）2007.『マイ・ドリーム－バラク・オバマ自伝』ダイヤモンド社.
Oh, John K., 1973. "The Nichiren Shoshu of America." *Review of Religious Research, 14*, 169-77.
Parks, Yoko Yamamoto, 1980. "Nichiren Shoshu Academy in America: Changes in during the 1970s," *Japanese Journal of Religious Studies, 7*(4), 337-55.
Parks, Yoko Yamamoto, 1985. "Chanting is Efficacious: Changes in the Organization and Beliefs of the American Sokagakkai", U.M.I. Dissertation Information Service.
三代会長年譜編纂委員会編 2003.『創価学会三代会長年譜 上巻』創価学会.
三代会長年譜編纂委員会編 2005.『創価学会三代会長年譜 中巻』創価学会.
三代会長年譜編纂委員会編 2011.『創価学会三代会長年譜 下巻（一）』創価学会.

佐藤優 2014.『地球時代の哲学 池田・トインビー対談を読み解く』潮出版社.
聖教新聞社企画部 2005.『新会員の友のために 1 改訂版』聖教新聞社.
島田裕巳 2004.『創価学会』新潮社.
Snow, David and Cynthia Phillips, 1980. "The Lofland-Stark Conversion Model: A Critical Reassessment," *Social Problems, 27*(4), 430-47.
Snow, David, 1993. *Shakubuku: A Study of the Nichiren Shoshu Buddhist Movement in America, 1960-1975*, New York: Gerland Publishing.
Soka Gakkai, 1999. *The Writings of Nichiren Daishonin I*, Santa Monica: World Tribune Press.
Soka Gakkai, 2002. *The Soka Gakkai Dictionary of Buddhism*, Tokyo: Soka Gakkai.
Soka Gakkai, 2006. *The Writings of Nichiren Daishonin II*, Santa Monica: World Tribune Press.
Soka Gakkai International-USA, 2017. Leadership Manual SGI-USA Organization Center. (http://www.SGI-USA.org/memberresources/leaders/docs/07-2017_SGI-USA_Leadership_Manual.pdf)
創価学会広報室 2017.『2016年活動報告』創価学会.
ストランド, クラーク（今井真理子訳）2011.『SGI と世界宗教の誕生 ── アメリカ人ジャーナリストが見た創価学会』第三文明社.
玉野和志 2008.『創価学会の研究』講談社.
The Seikyo Press, 1966. *The Nichren Shoshu Sokagakkai*, Tokyo: The Seikyo Press.
The Gosho Translation Committee, 1979. *The Major Writing of Nichiren Dashonin*, volume one, Tokyo: Nichiren Shoshu International Center.
ヴェンカテッシュ , S.（望月衛訳）2009.『ヤバい社会学 ── 一日だけのギャング・リーダー』東洋経済新報社.
渡辺かよ子 2009.『メンタリング・プログラム ── 地域・企業・学校の連携による次世代育成 』川島書店.
渡辺雅子 2001.『ブラジル日系新宗教の展開 ── 異文化布教の課題と実践』東信堂.
渡部桃子 2004.「ゲイ・レズビアン」小田隆裕・柏木博・巽孝之・能登路雅子・松尾弌之・吉見俊哉『事典現代のアメリカ』大修館書房, 613-21.
ウェーバー , マックス（武藤一雄, 薗田宗人, 薗田坦訳）1992.『宗教社会学』創文社.
Williams, G. M., 1972. *NSA Seminar Report 1968-71*, Santa Monica: World Tribune

Press.
Williams, G. M., 1974. *NSA Seminars: An Introduction to True Buddhism*, Santa Monica: World Tribune Press.
ウィリアムス, M・ジョージ 1989.『アメリカにおける宗教の役割』潮出版社.
ウィルソン, B.・ドベラーレ, K.（中野毅訳）1997.『タイム　トゥ　チャント ── イギリス創価学会の社会学的考察』紀伊國屋書店.（Wilson, Bryan and Karel Dobbelaere, 1994. *A Time to Chant: Soka Gakkai Buddhists in Britain*, Oxford: Oxford University Press.）
ワース, ルイス（今野敏彦訳）1993.『ユダヤ人問題の原型・ゲットー』明石書店.
Wuthnow, Robert, 2004. *Saving America?* Princeton: Princeton University Press.
劉炳燮 2008.「サーバント・リーダーシップの諸理論と事例研究」『異文化経営研究』5, 71-84.
ゾーボー , H. W.（吉原直樹・桑原司・奥田憲昭・高橋早苗訳）1997.『ゴールド・コーストとスラム』ハーベスト社.